LA

MUSIQUE AU JAPON

PAR

ALEXANDRE KRAUS FILS

85 FIGURES EN PHOTOGRAPHIE

REPRÉSENTANT

LES INSTRUMENTS JAPONAIS DU MUSÉE KRAUS

FLORENCE
IMPRIMERIE DE L'ARTE DELLA STAMPA
Rue Pandolfini, 44, Palais Medici

1878

INTRODUCTION

Bien que, depuis les temps les plus reculés, l'extrême Orient ait exercé sur les voyageurs et sur les hommes de science une grande attraction, il est un point sur lequel les nombreuses relations qu'ils nous ont laissées ne nous donnent que des renseignements très-vagues et très-incomplets. Nous ne savons rien ou presque rien touchant l'art musical chez ces peuples et notamment au Japon; c'est à peine si nous possédons quelques données sur leur système de notation et sur les instruments dont ils font usage.

Cette ignorance est d'autant plus regrettable que la musique, au Japon aussi bien qu'en Chine, est l'un des facteurs les plus considérables de la civilisation; elle joue le premier rôle dans les manifestations publiques de la vie religieuse et sociale; elle est le plus bel ornement de toutes les fêtes de la vie privée. « L'harmonie, dit l'annaliste chinois, a le pouvoir de faire « descendre le ciel sur la terre; elle inspire aux hommes

« l'amour du bien, la pratique du devoir. Veut-on savoir si « un royaume est bien gouverné, si les mœurs y sont bonnes « ou mauvaises? Qu'on examine quel genre de musique y « a cours. »

A l'autre extrémité du monde la même pensée inspirait au grand Shakespeare ces vers sublimes :

The man that hath no music in himself,
Nor is not mooved with concord of sweet sounds,
Is fit for treasons, stratagems and spoils;
The motions of his spirit are dull as night,
And his affections dark as Erebus:
Let no such man be trusted.

(*Merchant of Venice*).

Si l'on veut parvenir à une complète intelligence de cette grande et mystérieuse civilisation, il est donc hors de doute qu'il faut résoudre le problème que nous offre son art musical. A mon sens du reste, soit dit en passant, l'ignorance où nous en sommes réduits sur ce point s'explique facilement par le manque presque absolu des notions de la théorie musicale aussi bien chez les voyageurs Européens que chez les musiciens Japonais; les premiers, incapables de toute critique, ont condamné sans appel des combinaisons harmoniques fort différentes de celles avec lesquelles l'habitude les avait familiarisés; les seconds, pour la plupart, exécutent sans autre guide que l'oreille et ils ne se doutent même pas qu'il existe un moyen de représenter graphiquement ce qu'ils jouent. Entre de pareils éléments, il était difficile de s'entendre.

Pour mieux préciser où nous en sommes, il sera bon de citer ici quelques uns des principaux auteurs qui ont donné leur attention à cette matière. Le lecteur sera par là mis à même d'apprécier l'état actuel de la question et son importance.

Le D.r GIULIO FERRARIO écrit dans son livre « *Il Costume antico e moderno o Storia del Governo, della Milizia, della Religione, delle Arti, scienze e usanze di tutti i popoli antichi e moderni*, Milano 1817: »

On cultive beaucoup la Musique vocale et instrumentale aussi bien que la Poésie au Japon et plusieurs auteurs affirment qu'elles y ont atteint un style grand et sublime. Mais les Européens n'ont jamais su ni goûter ni apprécier les beautés de la Musique japonaise.

KAEMPFER « *Histoire naturelle, civile et ecclésiastique de l'Empire du Japon*, La Haye 1729, 2 vol. fol. » déclare que les habitants du Japon ignorent complètement la Musique, considérée comme science fondée sur les règles fixes de l'harmonie.

AIMÉ HUMBERT dans son *Japon illustré*, publié 1870 par L. Hachette à Paris, constate que le système musical des Japonais nous est totalement inconnu et que, s'il faut en juger par les instruments que nous connaissons, il se trouve en parfait désaccord avec le système européen; les mélodies japonaises, ajoute-t-il, ont quelque chose d'étrange et d'insaisissable pour les oreilles des européens et le système sur lequel elles reposent n'est pas encore connu; on sait seulement qu'il est très-riche en demi-tons et même en quarts de tons, avec un mélange de tonalités différentes qui déroutent l'oreille.

LAROUSSE, dans le grand *Dictionnaire universel du 19me siècle*, Paris 1873, conclut en résumé que l'art musical japonais parait être, comme l'idiome indigène, le résultat d'un système particulier, ne se rattachant à aucun des systèmes de l'extrême Orient.

FÉTIS, dans son « *Histoire générale de la Musique depuis les temps les plus anciens jusqu'à nos jours*, Paris, Didot, » dit au contraire: « Quoique les instruments japonais importés en Europe fassent supposer une certaine analogie avec le système musical chinois, les mélodies japonaises recueillies par Siebold, « *Iapanische Weisen gesammelt von Ph. Fr. von Siebold für das Piano eingerichtet* v. I. Küffner, Leyden 1836, » par le manque des lacunes caractéristiques de la gamme pentatonique chinoise et par le mélange des différentes tonalités qu'elles présentent, feraient supposer que la Musique japonaise est basée sur une gamme chromatique. » Après avoir cité quelques unes de ces mélodies, il ajoute qu'il n'est pas certain que le voyageur qui nous a fait connaître ces spécimens de la Musique japonaise, ait rendu avec exactitude les intonations des différents sons, car il n'a fourni aucun renseignement sur la tonalité de cette Musique. Il faut donc pour le moment s'abstenir de conjectures à cet égard et attendre les documents plus complets que les relations chaque jour plus fréquentes entre l'Europe et le Japon ne peuvent manquer de nous fournir. Telle est la conclusion de ce savant critique et elle peut être considérée comme le dernier mot de la science européenne à ce sujet.

J'ai l'honneur de compter parmi mes amis M. le chevalier Pietro Savio d'Alexandrie qui a fait deux voyages au Japon et qui y a longtemps séjourné. J'ai dû à cette heureuse chance de pouvoir me procurer une collection d' instruments japonais des plus complètes; je lui ai dû en outre des renseignements précieux et tout-à-fait nouveaux sur la musique de ce peuple intéressant dont un voyageur moderne a dit avec justice: « Sa vie se résume en un mot: l'ignorance du besoin et partant de la misère et de l'envie. »

Cela m'a inspiré la pensée de cet essai; je me propose d'y exposer les données nouvelles que ces renseignements spéciaux m'ont permis de recueillir sur le système musical japonais, sur les Œuvres qu'il a produites, aussi bien que sur la position de ceux qui se consacrent à l'art de l'Harmonie; enfin sur les différents instruments dont ils font usage. Mon ambition sera pleinement satisfaite si j'ai fait quelque chose d'utile au musicien de profession et d'intéressant pour le dilettante et l'orientaliste.

MM. les professeurs Anselmo Severini et Carlo Puini ont bien voulu m'aider dans mon œuvre et tourner à mon profit leur connaissance parfaite des anciens livres chinois et japonais.

M. Joseph Domengé, mon professeur et mon ami, voulant me donner une nouvelle preuve de sa bienveillance, a revu la traduction française de cet essai et, malgré ses grandes occupations, il a eu la bonté d'en surveiller l'impression.

Je suis heureux de leur en exprimer ici publiquement à tous les trois ma vive reconnaissance.

2

CHAPITRE PREMIER

IMPORTANCE DE LA MUSIQUE AU JAPON

Si par impossible parmi mes lecteurs il s'en trouve un à qui il ait été donné d'entendre un orchestre japonais, il y a beaucoup à parier qu'il accueillera d'un sourire l'idée que cette musique puisse avoir quelque importance. Il n'est que trop bien établi en effet qu'elle n'a aucun attrait pour les oreilles européennes; mais par contre, et cela doit nous rendre modestes, il n'est pas moins avéré que nos chefs-d'œuvre les plus admirés produisent sur les Japonais un effet absolument identique. M. le Dr Muller, dans un Rapport présenté à la Société pour les Recherches historiques dans l'extrême Orient, raconte à ce sujet l'anecdote suivante. Il discutait un jour musique avec un noble Japonais. « Vos productions, lui « dit son interlocuteur, ne peuvent plaire qu'aux enfants, aux « Cooli et aux femmes; mais il n'est pas un Japonais bien « élevé et instruit qui les puisse souffrir. » Et, soit dit par parenthèse, par le temps qui court, si la Musique que l'on fait chez nous plaît aux enfants, aux soi-disant bas-bleus de l'harmonie et aux braves gens qui en vivent, il y a bien quelques bons esprits qui professent sur son compte l'opinion de notre bon Japonais.

Quoiqu'il en soit, en présence de cette impossibilité réciproque de s'entendre, M. Savio nous paraît avoir complètement raison lorsqu'il établit que nous n'avons nullement le droit de traiter d'horrible la Musique japonaise, mais tout au plus de constater qu'elle n'est point agréable à nos oreilles, qui après tout peuvent bien ne pas être en état de la comprendre et de l'apprécier. La Musique est un art qui ressort du sentiment plutôt que de l'intelligence ; elle subit chez tous les peuples l'influence du climat, des traditions, des lois, de la religion et des coutumes; mais elle se reconnaît partout à ses effets qui sont partout les mêmes. Quand nous voyons un Japonais, insensible du reste aux chefs-d'œuvre de Bellini et de Rossini, s'attendrir jusqu'aux larmes en entendant les mélodies de son pays, il nous faut bien y reconnaître l'influence vraie et légitime de l'harmonie, tout incapables que nous soyons de nous y associer.

M. P. Savio, dans son très intéressant ouvrage *Il Giappone al giorno d'oggi* (Milano, Treves 1876, 2ª édition), nous apprend que pour les Japonais, la Musique est l'objet d'un culte, au point que leur Mythologie lui assigne une origine divine. Voici cette curieuse légende telle que la raconte Satow dans le recueil des « *Transactions of the Asiatic Society of Japan.* »

La déesse du soleil *Amaterasu no Ohongami,* (la puissante Déesse qui resplendit dans les cieux) venait de naître, sortie de l'œil droit d'Izanagi, la première divinité mâle créatrice du Japon, au moment où celle-ci se purifiait dans les flots de l'Océan, après avoir partagé la couche d'Izanami, la première divinité féminine. Offensée par les Dieux, la brillante Déesse, pleine d'une juste colère, se retira dans une caverne, dont elle ferma sur elle l'entrée avec un énorme rocher.

Les Dieux désespérés que cette beauté splendide ne réjouît plus leurs yeux, se réunirent en conseil dans le lit desséché du fleuve *Amenoyasu* et ils résolurent de tout essayer pour amener une réconciliation. Bien des efforts échouèrent; mais enfin le Dieu *Iskikoridome*, avec l'aide de *Amatsumore*, le Vulcain Japonais, ayant réussi à construire un miroir parfait d'une grandeur extraordinaire, une tentative suprême fut décidée. Le miroir miraculeux, emblème de la pureté, fut suspendu en face de la caverne fatale aux branches d'un *Sakaki*, (Eurya Japonica), pendant que le Dieu *Tajikara* (Bras fort) se cachait derrière le rocher, prêt à mettre à profit la première occasion favorable. La cérémonie commença par une ouverture à grand orchestre exécutée par plusieurs centaines de coqs que les Dieux avaient réunis à cet effet; c'est depuis lors sans doute que « *Sire Chantecler* » est devenu le hérant de l'astre du jour. La déesse *Ame no Udsume*, avait été choisie pour maîtresse de cérémonie. Les cheveux ornés de mousse et les manches artistement rattachées avec les lianes d'une plante rampante, elle se mit à jouer sur une espèce de fifre en bambou; une autre divinité l'accompagnait en pinçant avec des morceaux de joncs les cordes de six archets de guerre réunis, tandis que les autres dieux battaient en cadence des baguettes de bois.

Ensuite, après qu'on eût allumé des feux de joie à l'entrée de la caverne, la déesse *Udsume* monta sur une espèce de caisse ronde en bois nommée « *Uke* » et se mit à danser en chantant une chanson, dont les paroles ont été conservées et ont servi dans la suite pour désigner les noms des nombres.

Un, deux, trois, quatre,
Cinq, six, sept,
Huit, neuf, dix,
Cent, mille, myriade.

Ces paroles sont en Japonais:

Hito, futa, miyo,
Itsu, muyu, nano,
Ya, kokono, tari,
Momo, chi, yorodsù.

En voici la traduction littérale:

Dieux, regardez la porte,
Voici la majesté de la Déesse;
La joie ne remplira-t-elle pas nos cœurs?
Mes charmes ne sont-ils pas puissants?

Le dernier vers était à l'adresse des divinités réunies que la chanteuse invitait naïvement à admirer sa beauté.

Mais à ces mots les dieux se mirent a rire d'une telle façon, que les cieux en tremblèrent.

La déesse *Amaterasu no Ohongami* était restée jusqu'alors insensible à toutes les prières. Mais en entendant ces louanges exprimées avec tant d'emphase, elle ne sut pas résister au désir tout féminin de s'assurer par elle-même si la beauté, objet de tant d'éloges, en était véritablement digne. Elle entrouvrit la porte de sa prison volontaire et son dépit s'exhala en ces termes: « J'aurais cru que mon éclipse plongerait dans « les ténèbres et la consternation non seulement *Ama no* « *Hara* (le Ciel), mais aussi l'*Ashiwara no Nakatsukuni* « (le Japon). D'où vient donc que *Ame No Udsume* se livre « à la danse et que les Dieux rient à gorge déployée? D'où « vient la lueur que j'entrevois? » La chanteuse lui répondit: « Je danse et ils se réjouissent parce que nous sommes en « présence d'une Déesse plus belle et plus puissante que « toi. » En même temps *Ame no Futadama no Mikoto* approcha le miroir de l'entrée de la caverne; la Déesse enchantée de sa propre image réfléchie dans le miroir, s'avança comme fascinée et sortit de son asyle dont l'entrée fut aussitôt barrée avec une corde en paille de riz. Alors *Ame no Futadama*, prenant *Ohongami* par la main, la supplia au nom de tous les Dieux de ne point les priver de son aimable présence et de rester au milieu d'eux pour goûter le plaisir enchanteur de la musique. La Déesse pacifiée y consentit de bonne grâce.

C'est ainsi que les Japonais racontent l'origine de la musique à laquelle ils attribuent pour premier bienfait le retour du soleil; peut-être un juge impartial pensera-t-il qu'en cette circonstance, l'amour-propre offensé et la curiosité féminine contribuèrent, au moins autant que l'harmonie, à la réapparition de l'astre radieux.

La musique, issue d'une si noble origine, n'a pas failli aux hautes destinées que lui promettaient les Dieux, ses inventeurs et ses parrains. Elle est l'accompagnement obligé de toutes les cérémonies; je dirais plus bas, en parlant du théâtre le rôle considérable qu'elle joue dans la vie publique du Japon; elle n'a pas une part moins importante dans les détails de la vie privée. Il n'y a pas de maison particulière qui ne possède quelque instrument; la musique est considérée comme la compagne obligée de l'homme à tous les moments saillants de son existence; elle est surtout l'amie fidèle de la femme et la dot de la plus humble fiancée comprend le *Koto* à 13 cordes et le *Samhin*.

À chaque coin de rue, dans chaque carrefour, le promeneur rencontre des improvisateurs, sorte de ménestrels nommés *Torioi* qui s'accompagnent sur la guitare. Dans le *Yoshiwara*, quartier des délices, à Tokio, Mitford a compté 394 maisons à Thé, où les habitants ont coutume de donner dans les grandes occasions des diners et des festins. Chacune de ces fêtes a pour complément obligé des *Taikomoki* ou acteurs, dont la profession est tellement courue que l'on comptait parmi eux en 1870, trente-neuf célébrité. À leurs côtés brillent un nombre considérable de musiciennes et de danseuses, rigoureusement surveillées, de peur qu'elles ne fassent infidélité à leur art pour le culte de Vénus. Il n'est pas enfin d'humble auberge où à son arrivée et pendant le repas, le voyageur Européen ne puisse en écoutant les charmantes *Gueschias* (musiciennes) exécuter leurs mélodies sur le *Schamiseng,* la guitare du pays, se convaincre, même aux dépens de ses oreilles, de l'immense popularité dont la musique jouit au Japon.

CHAPITRE II

LE THÉÂTRE JAPONAIS

Les Japonais, comme tous les peuples chez qui les traditions des premiers jours ont conservé leur antique prestige, aiment à rattacher à la Divinité leurs coutumes nationales; le théâtre, qui joue dans leur vie un rôle essentiel, ne pouvait échapper à cette loi et, malgré tout notre scepticisme, plus d'un habitué de l'Opéra et des Italiens, en se reportant aux grands souvenirs des Rubini, des Malibran, des Falcon et des Duprez, sera tenté de leur donner raison sur ce point.

On lit dans le *Zokou-nihou-ki* que, sous le règne de l'empereur *Heijo* (805), une éruption volcanique amena près des marais de *Sarousawa*, dans la province de *Yamato*, une dépression du sol sur une étendue considérable. Il s'en exhalait des miasmes empoisonnés qui portaient au loin la maladie et la mort. Le peuple, pour combattre cette influence délétère, entassa sur le sol déprimé une immense quantité de bois et le livra aux flammes. Le feu, élément masculin, devait s'unir au miasme, élément féminin, et le neutraliser. Pendant que l'exorcisme s'accomplissait, la multitude inspirée des Dieux improvisait le *Sambasô*, sorte de danse mimée qui est devenue l'origine de toutes les représentations théâtrales. La province de *Yamato* fut ainsi délivrée du fléau qui la dépeuplait et, en souvenir de cet heureux évènement, le *Sambasô* dansé par un acteur sous le masque d'un vieillard vert et vigoureux, emblème d'une vie longue et prospère, est devenu le prologue obligé de toute action scénique.

Les Japonais attribuent généralement l'invention du drame musical à une femme, la célèbre *Iso-no-zenji,* qui vivait sous le règne de l'empereur *Toba* (1108 ap. J. C.). Elle jouait habillée en homme; car une loi sévère interdit aux femmes la carrière du théâtre.

La seule trace qu'elle ait laissée dans le répertoire consiste en une danse appelée *Otoko-mai,* qui s'exécute dans le costume antique des Daimios ou princes. Il est donc à présumer qu'*Iso-no-zenji* fut plutôt une mime ou une danseuse qu'une actrice, dans la véritable acception du mot.

Le premier théâtre à Tokio fut bâti en 1624 ap. J. C. sur l'ordre du *Schogoun,* empereur, dans la *Nakabaschi*, par un certain *Sarou-Waka;* huit ans plus tard, il fut transféré dans le *Ningiyo.* Une compagnie privilégiée, formée des membres des deux familles *Miako* et *Itchimoura,* avait le monopole des représentations; mais dès 1644, une famille rivale, les *Yamamoura,* obtenait la permission de s'établir dans la rue de *Kobiki;* en 1651, une loi réunit tous les théâtres de Tokio dans une même rue qui prit le nom du premier constructeur *Sarou-Waka.* Aujourd'hui le nombre de ces établissements au Japon est extrêmement considérable.

La disposition en est assez semblable à celle des théâtres européens; ils ont en effet des galeries et un certain nombre de loges à droite et à gauche de la scène. L'orchestre *Baiaschi* est placé latéralement; composé d'instrumentistes et de chanteurs, il exécute des mélodies pendant lesquelles les acteurs se reposent ou continuent l'action en pantomime. L'art des décors est poussé beaucoup plus loin qu'en Chine et jusqu'à un haut point de perfection.

« Les Japonais, dit M. Savio, ne cherchent pas au théâtre « le luxe et une illumination éblouissante; les dames n'y « viennent point pour faire assaut de leurs toilettes les plus « élégantes; mais la salle tout entière construite en bois blanc, « simple, de bon goût et maintenue de la plus exquise propreté, « offre à la vue un aspect des plus agréables.

« Les spectateurs sont assis à la façon japonaise c'est-à-dire « sur les talons, dans les loges, dans les galeries et dans le « parterre qui est partagé en petits compartiments carrés dont « chacun peut contenir 4 personnes. Les parois qui séparent « ces différents compartiments sont assez larges pour qu'on « puisse circuler dessus d'une partie de la salle à l'autre, sans « déranger personne. C'est sur ces divisions que marchent pen-« dant les intervalles de la représentation des marchands de « comestibles, de rafraichissemens et de fruits toujours sûrs de « vendre leurs provisions. Le système de ces divisions est une « réforme récente et n'est pas encore introduit dans tous les « théâtres. »

Les représentations commençaient autrefois à 6 heures du matin pour finir à 6 heures du soir; la mode est aujourd'hui de les faire durer de 10 heures à 10 heures.

Ajoutons que souvent la représentation d'un mélodrame dure plusieurs jours consécutifs et que des familles entières, père, mère et enfants, nantis de leurs provisions avec un supplément procuré près des marchands de comestibles dont nous avons parlé, conservent religieusement leurs places et suivent avec une attention soutenue ces interminables productions; on voit que le robuste appétit de ces populations pour le théâtre laisse bien loin derrière lui celui de nos dilettanti les plus exaltés.

Du reste les intermèdes pour tenir l'intérêt éveillé sont ménagés avec une grande habileté et une représentation est une olla-podrida de toutes les ressources que peut offrir la scène. Après l'inévitable *Sambasô,* on passe en général aux *Waki-kiyôgen,* sortes de ballets-féeries où sont représentées en pantomime les anciennes traditions: le *Nakamoura,* par exemple, où figure l'ogre *Shoudendoji,* ou bien la *Tchimoura* qui met en scène les sept divinités de l'opulence et la *Morita,* consacrée aux Divinités des buveurs. Puis vient enfin la pièce de résistance, mélodrame dont le sujet est le plus souvent un fait saillant de l'histoire nationale. Il se divise en un nombre indéfini d'actes ou de tableaux, séparés par des intermèdes de musique et, comme l'antique trilogie de la Grèce, il peut durer plusieurs jours. Il a sans exception un caractère d'une haute moralité et c'est au théâtre japonais que l'on peut appliquer avec vérité le consolant adage: Toujours le crime est puni et la vertu récompensée.

C'est cette même pensée morale qui interdit sévèrement aux femmes de monter sur les planches. Leur rôle y est rempli par de tout jeunes gens qui remplacent d'une manière admirable le beau sexe sur la scène. Deux de ces acteurs spéciaux *Bandô-Schioukâ* et *Segawa-Rokô* avaient acquis une telle célébrité qu'à leurs funérailles célébrées à Yeddo en 1833, le peuple accourut en foule de toutes les parties du pays; leurs restes mortels couverts d'habits splendides et exposés dans des sarcophages magnifiques furent arrosés des pleurs de toute une population.

Il nous reste à donner une idée du genre des pièces que l'on représente dans ces salles et qui ont le privilége d'exciter depuis des siècles l'émotion et l'enthousiasme de ces populations essentiellement mélomanes.

Le *Giorouri* est une sorte de roman dramatique en prose, ordinairement tragique, qui rappelle de loin nos opéras. Les récitatifs sont déclamés sur une espèce de mélopée par des acteurs dramatiques; des *Outaigata* ou chanteurs alternent avec eux en exécutant des morceaux d'ensemble à la manière de l'antique Chœur du théâtre grec. L'un des romans les plus populaires de ce genre est le *Kiouschengoura* par *Chikamatsou Monzaiemon*, qui vivait au commencement du siècle dernier. Ce drame a été traduit en anglais par Dickins et publié a New York chez Putman and sons, sous le titre de « The Loyal League. » Le texte est accompagné d'une notation musicale et de signes destinés à indiquer les entrées des chanteurs et de l'orchestre.

La *Kagoura*, l'une des fêtes religieuses les plus populaires du Japon, a donné naissance à une sorte de composition théâtrale mixte, qui est la cérémonie capitale de cette réjouissance publique. Elle porte le même nom et elle se joue sur un théâtre, le *Kagoura-do*, construit pour la circonstance près du reliquaire du Dieu ou du Demi-Dieu à qui la fête est consacrée.

Avant le commencement du Mystère, on pose sur une table devant le *Kagoura-Do* un *Kagoura soudsou* (fig. 56), instrument formé de 12 grelots fixés d'une manière spéciale au-dessus d'un manche en bois. Cet instrument est destiné à rappeler l'attention de la divinité sur le spectacle qui va commencer. A côté du *Soudsou*, on place deux *Gohei* ou *Mitegoura*, bâtons revêtus, l'un d'une étoffe fine et l'autre d'une étoffe grossière, qui sont censés représenter des dons faits à la Divinité, pour la décider à se tourner du côté du reliquaire.

Une vierge prêtresse nommée *Miko,* généralement fille d'un *Kannouschi* (prêtre de la religion de Shinto et gardien des reliques), commence la représentation du Mystère en agitant dans l'air le *Soudsou* et le *Gohei* et quelque fois même une épée. Elle exécute mille mouvements divers qui ont pour but de purifier le théâtre de la représentation et d'en chasser les mauvais génies.

Après ce prologue, commencent des danses qu'accompagne l'orchestre *Baiaschi* composé de tambours et de fitres; puis vient l'action mimique qui représente d'ordinaire une des tentatives faites par les dieux pour décider la déesse du soleil à quitter la caverne, dans laquelle elle s'était enfermée.

Les acteurs sont tous habillés à l'ancienne mode, avec des chapeaux très hauts, des vêtements à manches très longues et des *Kakakama,* pantalons à queues d'une longueur prodigieuse. Ils ont la figure couverte d'un masque analogue au personnage mystique qu'ils représentent.

Après la pantomime, la *Miko* plonge un rameau de bambou dans l'eau chaude qui a servi pour son bain et en asperge les *Ougico*, les dévots de la divinité que l'on invoque; ceux-ci se disputent à l'envi les gouttes de cette eau, qui a la vertu de guérir toutes les maladies.

Les *Nô* enfin constituent dans le théâtre japonais la partie essentiellement classique. Ce sont des drames en musique, d'un caractère religieux très-prononcé et qui se divisent en plusieurs parties: la première est une invocation à la protection divine et elle a pour objet de concilier au pays le secours des Dieux bienfaisants; la seconde au contraire exécutée par des hommes armés sous les masques les plus effrayants est destinée à épouvanter les mauvais génies. Le reste de la pièce est consacré à représenter tout ce que l'univers peut offrir de plus beau et de plus gracieux à l'homme que les deux premières parties ont mis en règle avec la Divinité.

Les *Nô* furent longtemps représentés exclusivement devant les Empereurs et les Daimios; les rôles étaient tenus par des nobles et à la cour du Schogoun, les masques en bois dur, très-minces et vernis de laque, assez semblables pour les formes aux masques grimaçants des comiques grecs, se conservaient précieusement de génération en génération dans des bourses de soie. Aujourd'hui les *Nô* sont tombés dans le répertoire des troupes ordinaires.

Ce genre de composition remonte à une antiquité très-reculée. Pendant que le premier théâtre public ne date que de 1624, l'empereur *Yômei* (de 586 à 593 ap. J. C.) ordonnait déjà à *Hada-Kara Katzou*, né au Japon d'une famille chinoise, d'inventer un spectacle pour rendre les Dieux propices et pour faire prospérer le pays. Ce Corneille du Japon écrivit jusqu'à 33 drames, avec intermèdes de chant et de musique. A côté de lui se placent *Hattori* et *Takéta*, acteurs et auteurs célèbres dont les productions, postérieures à celles de *Karakatzou*, forment encore aujourd'hui les délices de la classe policée.

CHAPITRE III

LES ARTISTES

Les musiciens au Japon sont organisés en corporations très inégales en dignité. Les unes, investies en quelque sorte d'un caractère public, se réunissent à des époques fixées par leurs règlements, pour figurer dans les grandes cérémonies religieuses ou profanes. Les autres plus humbles se vouent au service des particuliers, moyennant une rétribution proportionnée à leur réputation ou à l'habileté personnelle de leurs membres. Du reste, comme toutes les classes de la population, la caste des enfants de l'harmonie est soumise au principe hiérarchique. Elle se divise en quatre grandes classes qui vont en diminuant de considération et où, en théorie, le mérite devrait être le seul élément de classification; mais hélas! au Japon comme partout, il y a bien peu de portes que n'ouvre pas la clé d'or.

La première classe est celle des *Gakkounine;* ses membres prennent rang avec les personnes les plus distinguées de l'Etat; autrefois les Daimios eux-mêmes pouvaient en faire partie. Cette classe est vouée exclusivement à la musique sacrée; ceux qui la composent sont tous des Instrumentistes distingués et ils sont familiers pour la plupart avec les secrets de la théorie musicale. Tandis qu'au dire des savants, la musique sacrée s'est perdue en Chine, le Mikado, chef de la religion, au Japon, possède encore actuellement le meilleur orchestre du pays, distingué sous le nom de *Gagackou* ou *Gackou* et exclusivement voué à ce genre de musique. Cet orchestre qui jadis ne se faisait entendre qu'à *Nara*, *Tenogii* et *Kioto*, jouait des morceaux tellement anciens que les textes chantés s'en sont perdus; de sorte que ces musiciens ne connaissent ni le nom, ni le sens des compositions qu'ils exécutent.

Aux musiciens de la seconde classe, nommés *Guenïn,* appartiennent ceux qui ne jouent que de la *musique profane* et à l'exception de quelque joueur de *Koto,* qui connaît les différentes tonalités et la notation profane, cette classe ignore complètement les mystères de la théorie et du système de notation. Ils ont le même rang que les négociants, c'est-à-dire qu'ils appartiennent à une caste moins élevée que les premiers. L' orchestre du *Taikoun* (grand prince) appartenait à cette seconde classe et était connue sous le nom de *Nô.*

Les *aveugles* forment la troisième classe divisée en deux catégories; la plus élevée est celle des *Kengio* et l'inférieure celle des *Kotô.* Ajoutons que moyennant finance on peut conquérir le privilége d'appartenir à la catégorie supérieure, fait qui se produit également en Europe et non point seulement parmi les aveugles. Cette classe se dédie à la *Musique ordinaire.*

Au Japon, l'association des aveugles est une institution de la plus haute importance et il me paraît intéressant d'en faire connaître l'origine et l'organisation.

En 1192 *Minamoto-no-Yoritomo,* guerrier redoutable, fonda la dynastie des *Ghen Kubo* ou *Zigoi* et le *Schogounat* héréditaire, en enlevant le pouvoir temporel à *Dairi,* chef de la religion Sintoiste au Japon, qui résidait à Miaco.

Le vainqueur s'attribua le titre de *Se-i-tai Schogoun* et de Taikoun (grand prince); mais une terrible guerre civile éclata entre les partis des *Feki* et des *Ghendzi*, appelés ainsi du nom des chefs des deux factions. *Kakigo*, général des *Feki*, fut à la suite d'une bataille décisive fait prisonnier par *Yoritomo* qui essaya par tous les moyens d'attirer *Kakigo* à son parti. Mais ce dernier refusant les offres les plus séduisantes lui répondit avec noblesse: « J'ai été le serviteur fidèle « d'un bon maître qui aujourd'hui n'est plus. Personne ne « pourra se vanter d'avoir obtenu de moi les mêmes marques « d'affection et de fidélité. Il est vrai que je te dois la vie, « mais malheureusement je ne saurais te regarder sans que « ta vue m'enflamme du désir de le venger. La seule marque « de reconnaissance que je puisse te donner c'est de m'ôter les « yeux, afin de ne plus avoir la tentation de te faire du mal. »

En disant ces mots, il s'arracha les yeux et les jeta aux pieds du vainqueur; celui-ci fut tellement frappé de cet acte héroïque qu'il fit mettre en liberté *Kakigo*. Cette victime volontaire du devoir se réfugia dans la province de *Fianga*, et il y fonda l'association des aveugles de toute classe et de toute condition, sous le nom de *Boussets-Sato*.

Tous les membres de cette association laïque portent les cheveux rasés. Ils jouissaient autrefois de grands priviléges, et leur chef portait le titre de prince. Il avait des conseillers, des trésoriers, et des fonctionnaires de tous grades, tous aveugles. Tous les membres du *Boussets-Sato* s'appliquent aux arts manuels, chacun selon ses aptitudes naturelles; ils versent l'argent qu'ils gagnent dans la caisse de l'ordre. Les plus misérables deviennent musiciens car il paraît que cet art est partout le refuge des aveugles et des déshérités. Ils jouent à la cour des princes, aux fêtes publiques et privées.

Le général de l'ordre a sa résidence à Miaco et reçoit du *Dairi* une pension annuelle de 4300 Tael.

Il préside un conseil de dix vieillards et il a le pouvoir de vie et de mort sur tous ses administrés; seulement chaque condamnation capitale doit être soumise à l'approbation du Président de la Justice.

Les *Kengio* chefs de province, et les *Koto,* employés subalternes, portent, en signe de distinction, des pantalons très larges.

La quatrième classe, la plus nombreuse de toutes, mais de beaucoup la moins considérée, renferme les femmes qui s'adonnent à la musique et au chant. Il est à remarquer que les femmes au Japon, même dans l'aristocratie, sont exclues de la musique sacrée par un sentiment analogue à celui qui interdisait naguère à nos cantatrices de se faire entendre dans nos Églises. Du reste aucune Japonaise ne s'est acquis jusqu'ici le renom de grande musicienne et cela explique le peu d'estime dans lequel cette classe est tenue.

Nous avons déjà parlé de ces *Gueschias,* à propos des maisons à Thé où elles chantent d'ordinaire, en s'accompagnant du *Schamiseng,* des morceaux dont on trouvera un spécimen à la fin de l'ouvrage. Elles sont la propriété d'entrepreneurs qui les achètent à leurs familles à l'âge de 5 ou 6 ans, pour une compensation une fois payée de 40 à 60 francs. L'entrepreneur fait instruire l'enfant à ses frais; arrivée à l'âge de 15 ans, si elle est capable de prendre sa place dans un concert, elle vaut de 500 à 600 francs. Son maître la loue alors dans les maisons à Thé, dans les hôtels et dans les maisons particulières, tout en exerçant sur ses mœurs une stricte surveillance. Le prix pour deux heures est en moyenne de fr. 1,65, outre une légère gratification qui est le pécule particulier de la *Gueschia*. Lorsque ces pauvres filles perdent la fraîcheur qui est leur principale beauté, ce qui leur arrive en général vers la trentième année, elles recouvrent leur liberté et, comme à l'instar de nos célébrités, elles ont soin, en entrant dans la carrière, de prendre un nom de guerre, rien ne leur est plus facile, si elles ont amassé une petite dot, que de trouver un bon mari.

Dans les temps passés, ces quatre classes étaient divisées en un nombre infini de corporations. De nos jours, chacune d'elles a son grand maître à qui appartient le droit de conférer des récompenses ou des distinctions honorifiques. La plus appréciée est la permission d'accorder la première corde de l'instrument une octave plus haut ou plus bas que le ton réglementaire. C'est la croix d'honneur de l'artiste japonais.

CHAPITRE IV

SYSTÈME MUSICAL DES JAPONAIS

L'HISTOIRE de l'homme est tout entière dans le travail long et successif qu'accomplit son intelligence pour s'affranchir d'abord des forces naturelles et plus tard pour les dominer et les tourner à son profit. L'homme primitif, nu, sans instruments et sans armes, est dans la dépendance absolue des éléments; aussi voit-il en eux des forces occultes qu'il personnifie et dont il attend tout le bien ou tout le mal. Il suit de là nécessairement que les manifestations des peuples primitifs, dans tous les modes de leur activité intellectuelle, se rattachent à la notion de ces divinités bienfaisantes ou redoutables et revêtent un caractère mystique. Cette loi générale trouve sa confirmation dans le système musical des Japonais, qui s'est conservé sans altération depuis les premiers âges, aussi bien que dans celui des Chinois dont il n'est qu'une diramation. L'empire de l'harmonie, dans toutes ses parties, s'y rattache en effet étroitement aux puissances naturelles, aux signes célestes et aux divisions de l'année.

Ces forces et ces lois de la nature ont toutes au Japon pour signe cabalistique le nombre 5, nombre sacré par excellence.

Aussi le système tonal de la musique y est-il pentatonique. (Voyez Muller).

Voici ce système des *Cinq sons* auquel on donne le nom de *Goîn:*

1r Son appellé *Kiou* (temple — seigneur)
2d » » *Schô* (commerce — serviteur)
3me » » *Kakou* (cor — paysan)
4me » » *Tschi* (signe — objet matériel)
5me » » *Ou* (plume — objet abstrait).

Le *Kiou* est le plus important et l'*Ou* occupe le dernier rang. Il faut remarquer que dans cette classification, comme dans toutes les autres du même genre, chaque parole, chaque dénomination indique par la place qu'elle occupe le degré de valeur relative de l'objet qu'elle représente, et cela en décroissant de haut en bas.

Ces cinq noms ne représentent pas des sons déterminés; ils correspondent exactement à ces expressions de notre tonique: deuxième, troisième, quatrième et cinquième note du ton, en prenant pour fondamentale ou tonique *Kiou;* il faut bien se garder pourtant de leur attribuer la même valeur qu'à nos dénominations de seconde, tierce, quarte et quinte; car la gamme pentatonique de Do, par exemple, est formée de Do, Re, Mi, Sol, La.

Ces successions pentatoniques ont, par leur mode de formation, une certaine ressemblance avec nos gammes et c'est par ce nom que nous les désignerons dorénavant.

Le son fondamental de chaque gamme correspond à l'un des douze mois de l'année; les Japonais croient en effet que durant chacun de ces mois, les sifflements du vent reproduisent des sons compris exclusivement dans la tonalité dominante du mois.

Ce rapprochement à leurs yeux n'est donc pas arbitraire; il correspond à une réalité positive et matérielle.

Les noms de ces 12 tonalités sont:

pour	Janvier	*Tairiô*
»	Février	*Taisokou*
»	Mars	*Kioschô*
»	Avril	*Kossen*
»	Mai	*Tschourio*
»	Juin	*Souischine*
»	Juillet	*Ringshô*
»	Août	*Isokou*
»	Septembre	*Naurio*
»	Octobre	*Bouïki*
»	Novembre	*Oschô*
»	Décembre	*Kôschô*

Chaque tonalité comprend différents modes et les gammes pentatoniques qui représentent ces modes sont formées en substituant à un ou à plusieurs sons de la gamme normale astronomique japonaise un ou plusieurs sons altérés ; ceux-ci se trouvent à une distance d'un demi-ton majeur ou mineur au-dessous du son principal qu'ils doivent remplacer.

La gamme normale astronomique japonaise correspond à la gamme pentatonique chinoise formée avec la tonique, seconde tierce, quinte et sixte de notre gamme majeure.

Un des modes les plus employés au Japon correspond à notre gamme mineure et nous en verrons un exemple dans la manière d'accorder le *Sono-Koto*, dont je parle plus bas.

Pour trouver tous les sons qui appartiennent à une tonalité donnée, on emploie le procédé suivant : on écrit symétriquement en cercle les noms des douze mois et des tonalités qui dominent dans chacun d'eux de cette façon :

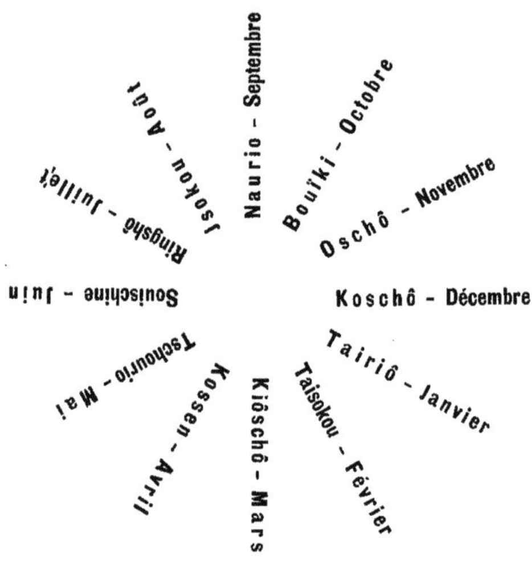

puis on prend pour *Kiou* ou tonique, le son fondamental du mois dont on cherche la tonalité.

On commence à compter en avant: Janvier, Février, Mars, etc. jusqu'au huitième mois et la tonalité dominante dans ce mois là sera le *Schô,* c'est à dire la seconde note de la gamme que l'on cherche. En comptant ensuite en arrière, Janvier, Décembre, Novembre, depuis le mois qui nous a fourni le *Schô* jusqu'au sixième mois, nous trouvons le *Kakou* ou le troisième son.

En continuant de cette façon à compter alternativement 8 mois en avant et 6 mois en arrière, on trouvera peu à peu les cinq sons principaux et les cinq sons de substitution.

En suivant la méthode que je viens de décrire, j'ai formé le tableau suivant, sur lequel sont indiqués tous les sons qui appartiennent à chacune des 12 tonalités, avec les notes qui y correspondent dans notre système. Mais pour préciser mieux les sons correspondants, j'ai été forcé de représenter un même son japonais dans notre système quelquefois par un dièse et quelquefois par un bémol.

Il résulte clairement de ce tableau que Fétis, dans ses hypothèses touchant le système musical du Japon, s'est surtout approché de la vérité, lorsqu'il dit qu'il le croit basé sur la gamme chromatique.

En effet les 12 toniques des 12 mois de l'année forment une gamme chromatique et la formation du système tonal, aussi bien que des gammes, est basée sur la succession des quintes montantes et des quartes descendantes.

Les sons que j'ai nommés de substitution ou de rechange sont employés dans le cours du morceau comme de simples altérations des sons réels et dans ce cas ils représentent nos sons chromatiques.

Ce sont précisément ces sons de substitution qui ont empêché les observateurs européens de se former une idée exacte du système tonal japonais.

Les joueurs des instrumens de la classe des *Koto* dont toutes les cordes sont d'ordinaire à l'unisson calculent seulement la longueur de la corde nécessaire pour produire les différents sons de la tonalité qu'il désirent, en prenant pour unité la longueur qui donne le son *Kiou*.

Voici la manière de faire ce calcul.

On prend p. ex. pour unité la longueur de 81; on divise ce nombre par 3 et on soustrait cette troisième partie de l'entier:

$$\frac{81}{3} = 27. \qquad 81 - 27 = 54\,;$$

et on obtient 54 pour la longueur de la corde qui donne le *Schô.*

On prend ensuite 54 pour unité nouvelle; on le divise de nouveau par 3 et l'on ajoute cette 3me partie à 54:

$$\frac{54}{3} = 18. \qquad 54 + 18 = 72;$$

ce qui donne 72 pour le *Kakou.*

On divise de nouveau le résultat 72 par 3 et on soustrait le tiers de 72:

$$\frac{72}{3} = 24. \qquad 72 - 24 = 48;$$

ce qui nous donne 48 pour le *Tschi.*

Le résultat 48 est de nouveau divisé par 3 et ce tiers est additionné au 48:

$$\frac{48}{3} = 16. \qquad 48 + 16 = 64;$$

ce qui nous donne 64 pour *Ou.*

On continue de la même manière en divisant toujours par trois, en soustrayant et en additionnant alternativement.

On aperçoit clairement par ces calculs et par l'analyse de tout le système musical japonais qu'il est d'origine chinoise. En effet nous avons au Japon 12 sons fondamentaux correspondant aux 12 *Liou* des Chinois ; nous voyons en outre que les gammes pentatoniques sont construites d'une manière analogue à celle qu'employait le célèbre chinois *Lin-Len* et qu'elles reposent toutes sur des successions de quintes ascendantes et de quartes descendantes.

Qui ne reconnaît pas dans les cinq noms de la gamme japonaise *Kiou, Schô, Kakou, Tschi, Ou*, le *Kong*, *Chang*, *Ko*, *Tsché,* et *You* des Chinois ?

La plupart des instruments en usage au Japon sont également d'origine chinoise; on aura l'occasion de s'en convaincre quand j'en donnerai la description.

Toute la différence entre les deux systèmes consiste:

1° Dans la différente origine qu'attribuent les deux peuples aux différentes parties de leurs théories et à leurs instruments;

2° dans l'usage que font les Japonais de la substitution des sons accidentels, qui existent dans la théorie chinoise, mais qui n'y ont jamais eu une application pratique.

Quant au système de notation musicale, les Japonais n'en possèdent un relativement complet, que pour la musique pure ou sacrée.

Dans les morceaux de musique pour les instrumens à corde, l'on indique par un numéro la corde qu'il faut jouer, et dans ceux pour les instrument à vent, on écrit les différents numéros correspondant aux trous qu'il faut boucher avec les doigts. Quelquefois ils écrivent aussi le nom du son en relation avec la tonalité dominante. On indique les sons accidentels par de petits accents que l'on écrit à côté de la représentation graphique du son et qui signifient qu'il faut lever ou baisser le doigt sur la corde ou sur le trou.

Au moyen d'un petit rond ou de deux ronds concentriques, on indique qu'il faut baisser d'une ou de deux octaves le son normal, qui avait été indiqué d'abord.

La valeur ou la durée des sons est marquée de deux manières, savoir:

1° En laissant entre les différents signes musicaux que l'on écrit l'un au-dessous de l'autre, un espace plus ou moins grand, selon la valeur plus ou moins grande des sons.

2° En plaçant à droite du signe musical indiquant le son, un rond entier, un demi-rond ou un quart de rond selon que le son doit durer un entier, un demi ou un quart.

On ne trouve pas dans la musique japonaise de véritables indications pour le mouvement ou le rhythme. Cependant toutes les mélodies et les chansonnettes que les historiens et les voyageurs nous ont fait connaître sont en temps pair $^4/_4$ ou $^2/_4$ et, quant au rhythme, on trouve dans la plus ancienne musique nationale des virgules placées entre un signe musical et le suivant. Ces virgules indiquent un sforzando à faire dans un son longuement tenu, qui est accompagné d'un coup de *Schiacou-bioschi* (espèce de castagnettes).

Dans la musique profane, l'on ajoute aux signes musicaux des monosyllabes qui varient selon l'instrument que l'on joue, et qui imitent le mouvement que l'on doit donner aux sons; pour les instrumens à vent on se sert p. ex. de la sillabe *ra* répétée plusieurs fois comme *rarara, ra, rara....*

La musique japonaise est écrite sur des lignes verticales qui se suivent, comme dans l'écriture ordinaire, de droite à gauche en commençant toujours d'en haut. Quand c'est de la musique vocale, alors on écrit les paroles à gauche des lignes et les signes accidentels à droite ou à gauche à volonté.

Les morceaux de musique japonais sont généralement écrits de manière à être joués par un instrument avec ou sans accompagnement de chant ou d'autres instruments. Dans le premier cas, le chant, qui est regardé au Japon comme un accessoire et non comme la partie principale, est toujours à l'unisson avec l'instrument, de sorte que l'un sert de renfort à l'autre.

Il y a une règle fixe dans la musique pure on sacrée pour l'instrument qui accompagne. Il doit jusqu'à la fin suivre l'instrument accompagné dans le même intervalle avec lequel ils ont commencé.

On trouve dans le genre profane seul des exceptions à cette règle.

L'orchestre japonais, *Baiaschi,* est généralement formé de neuf musiciens, *Gakkounin*, ainsi distribués:

Deux *Taiko-gata*
(joueurs de tambour)

Deux *Fouye-gata*
(joueurs de flûte)

Deux *Schoschicirikki*
(joueurs d'un instrument à anches)

Un *Kane-gata*
(joueur de triangle)

Deux *Outai-gata*
(chanteurs).

L'orchestre composé de cette façon se nomme *Kounine-baiaschi*, mais on le nomme *Gonine-baiaschi* quand il n'y a qu'un seul musicien de chaque espèce.

Le *Kane-gata* commence et finit les différents morceaux de musique. Il est suivi par les *Schoschicirikki,* puis par les *Fouye-gata* et les derniers à jouer sont les *Taiko-gata.* L'orchestre complet, excepté le *Kanegata* et les *Outai-gata* jouent un sextuor concertant dans lequel se fait entendre par intervalles le *Kanegata.*

Quand le sextuor est fini, alors recommencent les duos ou les solos, s'il s'agit d'un gonine-baiaschi; la production tout entière se compose d'une suite de morceaux dans lequels les *Gakkounin* jouent dans l'ordre que je viens de décrire.

Sur un ancien rouleau de soie japonais où se trouve la description des fêtes données en l'honneur de la divinité du mont *Schighen,* on voit une peinture de l'orchestre qui jouait un rôle important dans cette solennité.

Il est disposé en deux sections, l'une en face de l'autre: la première de ces sections est composée d'un joueur de *Sono-Koto* (grande harpe japonaise) et d'un *Schoschicirikki* entre deux joueurs de *Scho-no-fouyé* (espèce d'harmonium à anches libres).

La seconde section a en première ligne deux *Taiko-gata* (joueurs de tambour), deux *Schoschicirikki,* deux *Fouyé-gata* (joueurs de flûte) et deux joueurs de *Scho-no-fouyé.*

Quant à l'orchestre domestique, d'un usage si commun dans les fêtes de la vie privée, il est en général formé de trois instruments seulement: le Sono-Koto, le Schamiseng et le Kokiou.

L'orchestre du théâtre chinois au Japon est composé de 6 espèces d'instruments dont je donne ici les noms japonais et chinois; on en trouvera le description avec celle des autres instruments.

Girin (en chinois *Ourh-hsien*) violon à 2 cordes, fig. 68.

Pokpan et *Heongpan* (en ch. *Paipan*) castagnettes en bois, fig. 72, 73.

Sengtian (en ch. *Hsing-ti*) espèce de hautbois, fig. 71.

Poung-kou, fig. 74, petit tambour qui sert au chef d'orchestre pour battre la mesure.

Soulà (en ch. *Tan-ta*), fig. 75, petit tamtam.

Taakam (en ch. *Yang-chin*), psaltérion avec plectres en bambou, fig. 70.

TABLEAU

DES

TONALITÉS JAPONAISES

MOIS	NOM de la tonalité dominante dans ce mois	Idem en caractères Japonais	KIOU — Tonique	SCHÔ — seconde note du ton	KAKOU — troisième note du ton	TSCHI — quatrième note du ton	OU — cinquièm note du t
Janvier.....	**Tairiô**	平	Tairiô (mi)	Isokou (si)	Kiosckô (fa ♯)	Bouëki (do ♯)	Tschou (sol ♯)
Février.....	**Taisokou**	勝	Taisokou (fa)	Naurio (do)	Kossen (sol)	Oschô (re)	Souisch (la)
Mars.........	**Kiôschô**	下	Kioschô (sol ♭)	Bouëki (re ♭)	Tschouico (la ♭)	Koschô (mi ♭)	Ringsc (si ♭)
Avril.........	**Kossen**	雙	Kossen (sol)	Oschô (re)	Souischine (la)	Tairio (mi)	Isokou (si)
Mai...........	**Tschourio**	鳥	Tschourio (la ♭)	Koschô (mi ♭)	Ringschô (si ♭)	Taisokou (fa)	Nauri (do)
Juin..........	**Souischine**	黄	Souischine (la)	Tairio (mi)	Isokou (si)	Kioschô (fa ♯)	Bouëk (do ♯)
Juillet......	**Ringschô**	鸞	Ringschô (si ♭)	Taisokou (fa)	Naurio (do)	Kossen (sol)	Oschô (re)
Août.........	**Isokou**	盤	Isokou (si)	Kioschô (fa ♯)	Bouëhi (do ♯)	Tschourio (sol ♯)	Kosch (re ♯)
Septembre	**Naurio**	神	Naurio (do)	Kossen (sol)	Oschô (re)	Souischine (la)	Tairiô (mi)
Octobre.....	**Bouëki**	上	Bouëki (re ♭)	Tschourio (la ♭)	Koschô (mi ♭)	Ringschô (si ♭)	Taisoko (fa)
Novembre.	**Oschô**	壹	Oschô (re)	Souischine (la)	Tairio (mi)	Isokou (si)	Kiôsch (fa ♯)
Décembre.	**Koschô**	斷	Koschô (mi ♭)	Ringschô (si ♭)	Taisokou (fa)	Naurio (do)	Kossen (sol)

GAMMES ASTRONOMIQUES	SONS SUBSTITUÉS OU ACCIDENTELS				
	au Kiou	au Schô	au Kakou	au Tschi	à l'Ou
mi fa ♯ sol ♯ si do ♯.........	Koschô (mi ♭)	Ringschô (si ♭)	Taisokou (fa)	Naurio (do)	Kossen (sol)
fa sol la do re.....................	Tairio (fa ♭)	Isokou (do ♭)	Kioschô (sol ♭)	Bouëki (re ♭)	Tschourio (la ♭)
sol ♭ la ♭ si ♭ re ♭ mi ♭.......	Taisokou (fa)	Naurio (do)	Kossen (sol)	Oschô (re)	Souischine (la)
sol la si re mi.....................	Kioschô (sol ♭)	Bouëki (re ♭)	Tschourio (la ♭)	Koschô (mi ♭)	Ringschô (si ♭)
la ♭ si ♭ do mi ♭ fa.............	Kossen (sol)	Oschô (re)	Souischine (la)	Tairio (mi)	Isokou (si ♭)
la si do ♯ mi fa ♯..............	Tschourio (la ♭)	Koschô (mi ♭)	Ringschô (si ♭)	Taisokou (fa)	Naurio (do)
si ♭ do re fa sol..................	Souischine (la)	Tairio (mi)	Isokou (si)	Kioschô (fa ♯)	Bouëki (do ♯)
si do ♯ re ♯ fa ♯ sol ♯........	Ringschô (si ♭)	Taisokou (fa)	Naurio (do)	Kossen (sol)	Oschô (re)
do re mi sol la..................	Isokou (do ♭)	Kioschô (sol ♭)	Bouëki (re ♭)	Tschourio (la ♭)	Koschô (mi ♭)
re ♭ mi ♭ fa la ♭ si ♭...........	Naurio (do)	Kossen (sol)	Oschô (re)	Souischine (la)	Tairiô (mi)
re mi fa ♯ la si..................	Bouëki (re ♭)	Tschourio (la ♭)	Koschô (mi ♭)	Ringscho (si ♭)	Taisokou (fa)
mi ♭ fa sol si ♭ do..............	Oschô (re)	Souischine (la)	Tairio (mi)	Isokou (si)	Kioschô (fa ♯)

CHAPITRE V

DIAPASON — INSTRUMENTS À VENT

On divise les instruments japonais en deux grandes catégories.

La première contient les instruments *purs, Gakkouki*, c'est-à-dire ceux qui sont employés pour l'exécution de la Musique sacrée.

La seconde est composée des instruments *impurs* avec lesquels on exécute la musique profane.

Plusieurs des instruments de la première catégorie, un peu modifiés, font aussi partie de la seconde catégorie; de manière que la classification n'est pas absolument rigoureuse.

Voici la liste des principaux instruments *purs*, dont je donne plus loin la description.

En commençant par ceux dont on se sert pour l'exécution de la véritable musique japonaise sacrée, nous trouvons:

Le *Kagoura-fouye*, flûte traversière à 6 trous;

Le *Yamato-Koto* ou *Wangong*, psaltérion à 6 cordes, et le *Schakou-Bioschi*, castagnettes en bois.

Pour la musique sacrée d'origine chinoise ou coréane, on emploie :

Le *Schono-fouye* ou *Tscheng*, espèce d'accordéon portatif à anche libre avec des tuyaux en bambou ;

Le *Hitschiriki*, petit hautbois ;

Le *Komafouye*, flûte a 4 trous ;

Le *Fouye* proprement dit ou flûte à 7 trous ;

Le *Kinno-Koto* ou *Schiguenkine*, psaltérion à 7 cordes ;

La *Biva* ou grande guitare à 4 cordes ;

Le *Taiko* ou grosse caisse ;

Le *Sanno-toussoumi* ou *Joko* et le *Kakkô*, deux petits tambours ; puis enfin le *Schoko*, espèce de tamtam.

Tous les autres instruments appartiennent à la classe des instruments *impurs*.

Les uns comme les autres, sacrés ou profanes, peuvent se ramener à trois classes : 1° les instruments à vent ; quelques-uns sont de simples conques ; les autres sont faits de bois ; le métal n'y est employé que pour certaines parties, les anches par exemple, ou pour les ornements ; 2° les instruments à cordes pincées ou à archet ; 3° les instruments à percussion, en bois, en métal et avec membrane. Les instruments à piston ou à clavier n'existent pas.

C'est cette division que nous allons suivre pour les décrire ; mais auparavant il ne sera par hors de propos de dire quelques mots sur les diapasons en usage chez les japonais pour donner le ton aux chanteurs et pour accorder les instruments. Ces diapasons, pour être complets, doivent contenir les douze sons fondamentaux de la tonalité ; ils sont de disposition et de formes variées ; mais ceux dont l'usage est le plus répandu, consistent dans de petits tubes en bambou, dont le son s'obtient en faisant vibrer par l'aspiration une anche libre, fixée à chaque tube, et semblable à celle de nos harmoniums.

La forme la plus simple de ces diapasons est celle que représente la fig. 51.

C'est une petite boîte en laque, doublée de'étoffe, dans laquelle se trouvent douze tubes en bambou, ouverts d'un côté et pourvus chacun d'une anche libre, dont la base touche au fond fermé du petit tube. Pour faire vibrer ces anches, on aspire à l'extrémité ouverte du tube.

Ces petits instruments sont faits avec beaucoup de bon sens; le plus grand tube qui donne le son le plus profond, est le plus gros et a une longueur de 0^m,178; puis les tubes vont en diminuant de grosseur et de longueur de sorte que le plus court, qui sert pour la note la plus aiguë, n'a que 0^m,11 de longueur. Il y a surtout beaucoup de jugement dans la disposition adoptée de faire vibrer les anches par l'aspiration; de cette sorte on évite l'oxidation des anches, inévitable dans le cas où l'on eût soufflé dedans.

On nomme le diapason *Schoschi.*

La figure 42 représente un diapason d'une autre forme nommé *Schoschi-bouie.*

Il est composé de six petits tubes en bois, tous de la longueur de 0^m,066, teints en laque rouge, percés aux deux extrémités de deux ouvertures, une de chaque côté, et fixés sur un pivot central sur lequel on peut les faire tourner individuellement.

Chacun de ces tubes contient dans son intérieur deux anches libres, correspondant aux ouvertures latérales. En aspirant à l'une des extrémités, on obtient un son dont le nom est écrit en lettres d'or japonaises aux deux embouchures de chaque tube.

Il y a aussi d'autres diapasons faits sur le même modèle, mais composés seulement de trois tubes, nommés *Mitzschio-schi*, fig. 43, qui ne produisent que les six sons les plus en usage, savoir : *Oschô*, *Koschô*, *Taisokou*, *Kiôschô*, *Kossen* et *Tschourio*. Ainsi réduits ces diapasons sont moins dispendieux.

Pour rendre le transport du diapason moins incommode, on en fait aussi de très-élégants, composés d'un seul tube en bois, également nommés *Schoschi-bouie*, fig. 44, et dont la longueur est de 0^m,07.

Ceux-ci ont douze petites ouvertures, garnies en ivoire, disposées symétriquement autour du tube. Au-dessous de ces ouvertures se trouvent également en caractères japonais les noms des sons que l'on peut en tirer par l'aspiration.

Ces diapasons sont comparativement modernes ; on avait autrefois une espèce de chalumeau composé de 12 tubes en bois troués des deux côtés. On fermait avec un doigt le bout de celui dont on faisait entendre le son en soufflant. Il y en avait encore d'autres plus compliqués, mais moins utiles, qu'il serait trop long de décrire.

Dans la catégorie des instruments à vent, une des familles les plus importantes est celle des flûtes nommées *Fouye* ou *Teki*, en chinois *Ti*.

On les divise en deux classes, savoir : les *Kouwan-teki* ou flûtes traversières et les *Siyou-teki* ou flûtes verticales.

A la première de ces classes appartient le *Fouye*, fig. 50, ou *Kouwanteki* proprement dit, qui est la véritable flûte traversière de bambou.

Il est originaire du *Tangout* d'où il a passé en Chine 140 ans avant la naissance du Christ, à l'époque où *Kang-Kien* vint en ambassade en Occident.

Un ancien livre chinois dit que le premier *Fouye* a été fabriqué en Chine par *Kiou-Kong*, qui vivait au temps de *Wou-ti* (143-104 av. J. C.). Ce *Fouye* avait un pied (*Lih*) et quatre pouces (*zaïn*) de longueur.

Il avait sept trous et l'on trouve dans le *Vakansansai-tzouhie* (*Encyclopédie sinico-japonaise*) que les sons qui sortent de ces 7 trous ont été fixés par des règles exactes, et que tous les autres sons de la musique vocale et instrumentale ont été basés sur les notes produites par ce *Fouye*. On dit que l'on fabriquait aussi des flûtes de cette sorte avec les tibias d'une espèce de singe et que le son de ces instruments était beaucoup plus plein et plus rond que celui des flûtes de bambou, à propos desquelles on raconte l'histoire suivante :

Schioguen, célèbre joueur de *Fouye*, ayant commis un crime, se réfugia dans une caverne habitée, disait-on, par un immense serpent ; en sorte que le pauvre *Schioguen* avait grand peur de voir d'un moment à l'autre apparaître le monstre. En effet au beau milieu de la nuit, se présente la bête fatale, la tête grande comme celle du lion, les yeux étincelants et la langue de trois pieds de longueur hors de la gueule béante ; il s'approche du malheureux musicien pour l'engloutir.

Celui-ci, comme dernier adieu à la vie, prit son *Fouye* et se mit à jouer une mélodie en vogue à cette époque.

A ces notes enchanteresses, le monstre s'arrête, lève la tête, tend l'oreille, écoute longtemps et s'éloigne sans faire le moindre mal à l'artiste épouvanté.

De cette légende date la croyance que le *Fouye* a le pouvoir de chasser les serpents et les bêtes venimeuses. Voici la représentation graphique de la disposition des trous de cet instrument important ; j'indique per ○ les trous ouverts et par des points noirs ● les trous fermés par les doigts. L'instrument vide donne le Si au-dessus des lignes de la clef de Violon.

○	○	○	○	○	○	○	=	*Si*
●	○	○	○	○	○	○	=	*Sol* ♯
●	●	○	○	○	○	○	=	*Fa* ♯
●	●	●	○	○	○	○	=	*Mi*
●	●	●	●	○	○	○	=	*Re* ♯
●	●	●	●	●	○	○	=	*Do* ♯
●	●	●	●	●	●	○	=	*Do*
●	●	●	●	●	●	●	=	*Sol* ♯

On emploie quelquefois aussi au Japon une flûte semblable à la précédente, mais dans laquelle l'embouchure forme un angle droit avec les trous; on l'appelle le *Schi.*

En dehors de ces deux flûtes à 7 trous, on trouve encore au Japon le *Kagoura-Fouye,* flûte à 6 trous et le *Koma-Fouye* ou flûte coréane à 4 trous seulement; ces instruments ne sont que des variétés du *Fouye* dont je viens de donner la description.

Le *Ti-tzou,* fig. 52, flûte traversière chinoise a 6 trous et 2 embouchures, afin qu'on puisse changer l' intonation; celles-ci sont à la distance de $0^{m},07$ l'une de l'autre.

Quand on emploie la première embouchure, on couvre la seconde avec un fragment de peau extrêmement légère.

A la distance de $0^{m},04$ du dernier des 6 trous, il s'en trouve encore deux autres qui traversent l'instrument tout entier et qui par conséquent font terminer en ces points le tube sonore. On couvre également ces deux trous de peau, quand on désire faire usage des deux trous supplémentaires, qui se trouvent presque au fond de l'instrument.

Après les flûtes traversières viennent les flûtes verticales nommées *Siyouteki.*

La plus simple des flûtes verticales est sans doute le *Seounofouye,* fig. 77, espèce de flûte de Pan composée de 12 tubes de bambou de différentes longueurs, fixés en rang dans une espèce de châssis et teints en laque rouge, tout ornés de dessins dorés avec le dragon impérial. Le *Seounofouye* donne les 12 sons fondamentaux japonais, qui correspondent aux 12 *Liou* chinois. La fig. 77 représente un *Seounofouye* de l'île de *Lioukioù.*

On en trouve en Chine de semblables nommés *Schao,* qui ont 14, 16 et même 22 tubes.

Les *Siyouteki* sont presque toujours faits de bambou et ouverts aux deux extrémités, de sorte qu'il faut former avec les lèvres l'embouchure, comme pour siffler.

Le plus ancien des *Siyouteki* est le *Mineteki,* fig. 53, la flûte populaire; elle a 6 trous principaux et 2 trous latéraux qui servent pour y passer un cordon afin de pouvoir suspendre le *Mineteki* à la ceinture. Il a la longueur de 0m,36 et les notes naturelles de cet instrument forment notre gamme diatonique de Si majeur.

Après le *Mineteki* vient immédiatement le *Schakhaci,* en chinois *Ceou-po,* l'ancienne flûte, fig. 46; elle doit son nom à sa longueur qui est de 1 pied et 8 pouces ou de 0m,459; elle a 4 trous sur la face antérieure, 1 trou de l'autre côté et elle donne les sons suivants:

Do ♯	*Mi*	*Fa* ♯	*Sol* ♯	*La* ♯	*Si*
●	●	●	●	●	○
●	●	●	●	○	○
●	●	●	○	○	○
●	●	○	○	○	○
●	○	○	○	○	○

Le *Schakhaci* est appelé aussi *Schine-teki* ou *Taou-teki* et l'on dit que l'on a commencé à l'employer en Chine du temps de l'empereur *Ming-houang* de la dynastie des *Thang* (713-742).

On trouve cependant écrit dans quelques livres anciens qu'à l'époque de l'empereur *Thai-tsoung* de la même dynastie (625-650), on fabriquait des *Schakhaci* et qu'on les jouait dans l'orchestre avec les *Schono-fouye.*

Le *Toschiô*, en chinois *Toung-siao,* fig. 54, est la flûte verticale basse.

Il est long de 2 pieds et quelquefois de 2 pieds et 5 pouces. Il a quatre trous sur le devant et un du côté opposé; il est peu en usage et on n'en connaît pas l'origine; seulement l'histoire nous apprend que du temps des *Taug,* il était très-commun en Chine et que l'empereur *Ynen-Young* (710 ap. J. C.) aimait beaucoup cet instrument.

Le plus en usage des *Siyouteki* est le *Hitoyokiou* semblable au *Schakhai*, mais plus court, fig. 47, 48 et 49. Fait de bambou il est généralement de la longueur d'un pied et de 8 fen; le fen est précisement l'espace entre deux nœuds; pourtant on en fabrique de différentes longueurs.

Celui de la fig. 47 est long de $0^{m},28$; voici la disposition de ses trous :

Si	*Re*	*Mi*	*Sol*	*La* ♯	*Do* ♯
●	●	●	●	●	○
●	●	●	●	○	○
●	●	●	○	○	○
●	●	○	○	○	○
●	○	○	○	○	○

Les instruments représentés aux N. 48 et 49 ont la longueur de $0^{m},325$ et sont un ton plus bas que le précédent.

Le son du *Hitoyokiri* est délicat et uni; il se marie facilement au chant et au Schamiseng.

La figure 55 représente une espèce de flûte à bec venue de l'île de *Yesso* où vivent les *Aynos*, descendants d'une race indigène du Japon.

Elle a 0m,47 de longueur, 6 trous sur le devant, un de l'autre côté et 2 trous vers le fond. Les notes qu'elle donne sont les suivantes :

Fa♯ *Sol*♯ *La* *Si* *Do*♯ *Ré*♯ *Mi*♯ *Sol* *Sol*♯

A en juger pourtant par sa forme, cet instrument paraît plutôt être un produit de fabrication européenne ou du moins une imitation de nos flûtes à bec.

Un instrument dont le son est absolument désagréable pour l'oreille des Européens, c'est le *Hitschiriki,* fig. 45, en chinois *Pi-li*, qui ressemble à une espèce de hautbois.

Il est formé d'un tube de bambou long de 0m,19 avec 9 trous et pourvu d'une anche faite avec un morceau d'un roseau particulier qui se trouve dans la province de *Jama-schiro.*

Au Japon, on en fabrique de diverses grandeurs et, à ce que dit Muller, il y en a même avec l'anche en métal.

Aussi le *Hitschiriki* est-il d'origine chinoise et il appartient aux instruments purs. En Chine, les Tartares le faisaient en os avec anche en roseau et ils s'en servaient pour conduire les troupeaux de chevaux, tandis qu'à présent ils emploient dans ce but du bambou pour le tube et du *Fitiriki* pour l'embouchure.

Le *Hsiang-ti,* fig. 71, est le hautbois du théâtre chinois. Il est fait d'un tube en bois, avec 7 trous en face et 1 trou de l'autre côté. L'embouchure en est en cuivre, l'anche en paille, le pavillon également en cuivre avec 0m,08 de diamètre.

Sa longueur totale est de 0m,32, mais il y en a de différentes grandeurs.

Cet instrument portait autrefois le nom de *Ka* et l'on raconte que la princesse *Men-de-Koi* se rendit célèbre par son habileté à manier le *Ka*. A présent cet instrument est devenu très-populaire.

Le *Schionofouye,* fig. 31, est un instrument à anches libres assez original.

Il a été inventé par les Chinois qui le nomment *Cheng*. L'instrument que je possède, est composé d'une caisse ronde de 0m,06 de diamètre en laque noire. Le couvercle en est percé de 17 trous dans lesquels se trouvent autant de tubes en bambou, de différentes grandeurs, chacun muni intérieurement d'une anche libre. Ces tubes sont fixés par un anneau en argent et chacun a une ouverture oblongue, assez étroite, également garnie en argent. Quand le joueur ferme avec son doigt ces ouvertures, l'air est forcé de passer par l'anche et la fait vibrer en donnant un son déterminé.

Un côté de la caisse ronde est allongé et pouvu d'une ouverture carrée, garnie en argent, qui sert d'embouchure.

On produit les sons du *Schonofouye* aussi bien par aspiration qu'en soufflant dedans. La première manière est cependant préférable parce qu'elle évite l'oxidation des anches; aussi est-elle plus en vogue.

Le *Schonofouye* est un instrument pur et se joue tant au Japon qu'en Chine. Il y en a de différentes proportions. Avec la grandeur varient aussi le nombre des tubes et la dénomination de l'instrument; par exemple celui qui a 26 tubes est le plus grand et se nomme *Hounofouye.*

Le dernier des instruments à vent et en même temps le plus simple de tous est le *Rappakai,* fig. 30, formé d'une coquille univalve percée au sommet et pourvue d'une embouchure en cuivre. Il sert de trompette de guerre; on l'emploie aussi dans les fêtes religieuses.

Celui que je possède est long de $0^m,36$ et l'embouchure ronde en cuivre a $0^m,07$ de hauteur et $0^m,02$ de diamètre.

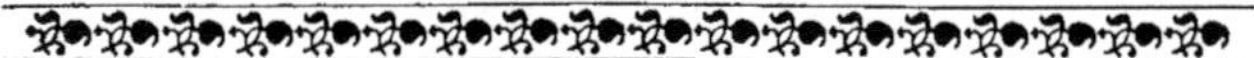

CHAPITRE VI

INSTRUMENTS À CORDES

Les cordes en usage au Japon pour les instruments de cette catégorie, sont faites de soie imbibée de cire; celles que l'on emploie pour les instruments sacrés, se préparent sur commande à Kioto, qui en a la fabrication exclusive; elles sont fort estimées et coûtent très-cher; les cordes ordinaires se fabriquent à Yeddo.

Ces cordes se vendent par séries et chacune a son numéro qui augmente avec sa grosseur; chaque série complète, pour une tonalité donnée, se désigne par le nom de son inventeur ou par le numéro spécial de la corde la plus grosse.

À tout seigneur, tout honneur, dit le proverbe; il est donc juste que nous accordions la première place à celui qui représente le roi de nos instruments, au violon japonais, le *Kokiou*, fig. 1. Bien qu'il possède quatre cordes et qu'il se joue avec un archet de crin appelé *kiou,* il ne faut pourtant pas se le représenter comme l'un de ces chefs-d'œuvre qu'ont produits les Stradivarius, les Guarnieri ou les Amati.

Sa longueur totale est de $0^m,69$; le corps sonore est formé d'une caisse en bois légèrement convexe en dehors; le fond et le couvercle, 13 centimètres sur 12, sont formés d'une peau collée sur les bords, dont la hauteur est de six millimètres. La peau doit être celle de la poitrine du chat et son authenticité se reconnaît surtout à des petites tâches noires qui se produisent naturellement aux endroits où la peau est plus mince et que l'on considère comme impossible d'imiter. Les instruments qui ont sur le couvercle quatre de ces signes sont très-estimés; l'échantillon que je possède et qui est représenté fig. 1, est de ce nombre; ceux au contraire qui n'en ont que deux ou point du tout se vendent à bas prix.

Le manche de l'instrument est fixé au milieu de la paroi supérieure de la caisse sonore. Il est plat au-dessus et arrondi au-dessous, replié en cou de cygne et terminé par un bourrelet légèrement aplati et recourbé en arrière où se trouvent quatre chevilles de forme conique, deux de chaque côté. La longueur totale est de 48 centimètres.

Les cordes sont attachées par de petits lacets de soie à une cheville de métal argenté de 7 centimètres de longueur; le chevalet sur lequel elles posent est extrêmement mince, de 10 à 15 dix-millimètres d'épaisseur, sur 13 millimètres de hauteur et 64 de longueur. Il a quatre échancrures, trois très-espacées pour les cordes les plus basses, et l'autre très-rapprochée de la troisième pour la quatrième corde, qui s'accorde à l'unisson de sa voisine.

L'archet appelé *kiou,* fig. 2, en bois de santal rose, a une longueur de $1^{m},04$; il est, comme le manche du *kokiou*, plat d'un côté et arrondi de l'autre; mais c'est sur la face ronde que les crins sont fixés. Sa longueur le rendant très-incommode à transporter, il est fait de deux morceaux réunis par un anneau métallique. À son extrémité la plus mince, il est replié à angle droit sur une longueur de huit centimètres; il y en a du reste qui sont tout droits, fig. 3. Les crins blancs ou noirs sont serrés étroitement par un cercle de métal ou par un nœud d'étoffe très-solide. Ils sont fixés des deux bouts par deux anneaux, à un crochet par en haut, et par en bas à une virole de métal vissée dans le bois de l'instrument à 23 centimètres de son extrémité. Les crins de cheval de l'archet ont une longueur de 73 à 75 centimètres; on ne les trouve pas au Japon où on les importe de l'extérieur.

On joue du *Kokiou* tout autrement que de nos instruments à cordes. L'artiste, assis sur ses talons, place entre ses genoux l'instrument posé tout droit sur une cheville métallique, de manière à pouvoir le faire tourner librement autour de son axe vertical. Dans cette position, les mains assouplies avec de la poudre d'amidon, il fait rapidement aller son instrument de droite à gauche et de gauche à droite et il présente à l'archet tantôt l'une, tantôt l'autre de ces cordes, dont les trois plus basses sont accordées en quarte et les deux plus hautes à l'unisson. En même temps, l'artiste tient l'archet entre l'index et le pouce, dans une position parfaitement horizontale et lui imprime un mouvement uniforme de droite à gauche et vice-versâ, toujours en ligne droite; les crins viennent en contact avec les cordes à la hauteur de l'extrémité supérieure de la caisse sonore; ils sont du reste relâchés à l'état de repos et l'artiste les tend, au moyen de l'annulaire, au moment où ils viennent en contact avec les cordes. C'est, on le voit, tout le contraire de ce qui se fait chez nous; l'artiste Japonais tient l'archet dans une position fixe et fait tourner le *Kokiou,* tandis que nos Paganini, le violon immobile à l'épaule, tourmentent de leur infatigable archet les ocrdes harmonieuses qu'ils veulent faire vibrer.

Pour donner au lecteur une idée de ce que les Japonais jouent sur leur *Kokiou* et des effets qu'il savent en tirer, je donne ci-joint un morceau de Musique pour cet instrument, exécuté en Juin 1874, par un membre de l'association des aveugles, dans une séance de la Société pour les recherches historiques sur l'Asie orientale.

Cet aveugle était l'unique joueur de *Kokiou* de la capitale, car l'usage de cet instrument devient toujours plus rare. Il exécutait deux différents genres de Musique, savoir: Les *Foudgijou,* morceaux anciens japonais et les *Schohoyou,* qui sont plus modernes. Le *Foudgijou* que je donne ici, a été transcrit par M. *Westphal* et inséré ensuite dans les actes de la Société imprimés à *Yokohama.*

Le *Girine,* fig. 68, en chinois *Ourh-siene*, est le Violon chinois du théâtre et il est employé aussi par les ménestrels japonais. Il a une caisse harmonique formée par un cylindre en sycomore évidé ou en bambou, de 10 centimètres de long sur 5 de large, recouvert d'un côté de peau de serpent. Cette caisse est traversée par le manche rond en bois dur long de 0^{m},45. Au bout supérieur, le manche a une forme prismatique avec deux grandes chevilles auxquelles sont attachées les 2 cordes en soie. On joue le *Girine* avec un archet très souple en bambou, de 67 centimètres, avec des crins qui n'en ont que 60. Quoique cet instrument jouisse d'une grande popularité au Japon et en Chine, le son de l'*Ourh-siene* rappelle à l'oreille d'un Européen le bruit que fait en tournant une roue que l'on a oublié de graisser.

Le *Kokoun* de Corée, fig. 81, ressemble au *Girine;* mais il a 4 cordes, de deux grosseurs différentes.

Son manche a 86 centimètres de long et l'archet de bambou, très-souple, en a 57.

A la même famille appartient aussi le *Niisene* de Corée, fig. 79, avec deux cordes et une caisse en laque noire ornée d'arabesques dorées et recouverte de peau de gazelle; mais le *Niisene* est beaucoup plus difficile à jouer que le Kokoun. Son manche qui a 93 centimètres, se termine par une tête de dragon dorée.

Son archet recourbé est en bois verni de laque rouge; il a une longueur de 60 centimètres et porte deux séries parallèles de crins, l'une de 0^m,42 et l'autre de 0^m,30 seulement; on comprend que cela doit ajouter beaucoup à la difficulté de l'exécution.

La famille la plus importante parmi les instruments japonais à corde est celle des *Koto;* elle comprend des intruments de l'espèce de nos psaltérions et que l'on joue assis par terre à la manière japonaise.

On sait en effet que les Japonais n'ont ni chaises, ni tables et qu'une simple natte étendue par terre remplit le double emploi de table à manger et de lit.

Le plus simple instrument de la famille des *Koto* est le *Souma-Koto,* fig. 16, composé d'une planchette un peu bombée au milieu, en bois de *Paulownia imperialis,* arrondie au sommet et carrée à la base. Cette planchette qui a 1^m,10 de long sur 0^m,085 et quelquefois 0^m,115 de large, est composée de trois morceaux joints à coulisse, afin que l'on puisse la démonter facilement et la transporter dans une petite boîte de 45 centimètres.

Une corde en soie légèrement enduite de cire jaune et fixée à un prisme en bois, passe par une petite ouverture, qui se trouve à 0^m,09 de distance du bout carré. Elle est appuyée sur un chevalet en bois haut de 0^m,02 et long de 0^m,055 et elle est tendue par une cheville conique fixée à 0^m,08 de distance du bout rond.

9

On pince ce monocorde avec un petit anneau aiguisé en os ou en bambou, fig. 32, dans lequel on introduit l'index de la main droite, tandis qu'avec une sorte de cylindre en os ou en bambou on presse la corde sur la table d'harmonie, fig. 33, en des points fixes indiqués par des signes blancs qui remplacent les touches. M. Muller a pris ces points pour autant de chevalets.

On attribue l'invention de cet instrument à un noble *Kougué* exilé dans la province de *Souma;* pour chasser la mélancolie, il avait, dit-on, tendu une corde sur son chapeau et il devint ainsi l'inventeur de ce joujou musical que l'on apprécie toujours beaucoup au Japon, où il est resté de mode dans la haute aristocratie.

Le *Yakoumokoto,* fig. 17, n'est autre chose qu'un *Soumakoto* à 2 cordes et à deux chevalets.

L'*Atzoumakoto,* fig. 18, est le même instrument avec 3 cordes, mais pourvu d'une table d'harmonie complète.

Le *Gokkine,* fig. 19, rappelle son origine chinoise par ses deux enfoncements latéraux.

Il est monté de 5 cordes dont les 3 plus grosses sont jaunes; la quatrième est violette et la cinquième, bleue. Au lieu des points blancs du *Soumakoto,* il y a sur le *Gokkine,* en caractères chinois, les noms des sons que l'on produit, en appuyant sur la corde aux endroits marqués.

On tourne les chevilles à l'aide d'une clef en bois qui se trouve dans la photographie sur l'une des chevilles.

Le *Wangong* ou *Yamatokoto,* fig. 20, représente une autre forme de psaltérion sans chevilles. Sa caisse d'harmonie est en bois de *Kiré.* Il a six cordes d'égale grosseur, tendues entre deux chevalets hauts de $0^{m},01$ et placés à la distance de $0^{m},803$. Ils sont fixés d'un côté d'une manière tout-à-fait originale, qui se retrouve aussi dans plusieurs autres instruments, dans le *Soto-Koto*, par exemple, je décrirai plus bas ce curieux procédé. La longueur totale du *Wangong* est de 0m,96; sa largeur varie de 0m,13 à 0m,115 et son épaisseur latérale, de 0m,03 à 0m,02. La table d'harmonie et les chevalets sont arqués et l'instrument repose sur deux petits pieds de 0m,038 qui le relèvent à l'une de ses extrémités. Les six cordes de l'instrument sont fixées au-dessous de la table d'harmonie du côté le plus large du *Wangong;* elles la traversent par six petits trous et viennent reposer successivement sur deux chevalets fixes; en arrière du second, elles retraversent une deuxième fois la table d'harmonie, s'enroulent autour de la tête de l'instrument et viennent se fixer par un nœud au dernier chevalet.

Ces cordes sont à l'unisson; on leur donne le ton que l'on désire au moyen de petits chevalets mobiles; c'était anciennement de petits morceaux de branche d'érable, bifurqués de manière à pouvoir se fixer sur l'instrument et fendus à l'autre extrémité pour recevoir la corde, fig. 34. On les a remplacés aujourd'hui par de petits morceaux de bois dur élégamment vernis, fig. 39.

Le *Wangong,* ainsi que le prouve la légende de la Déesse du Soleil, est d'origine céleste; aussi n'est-il employé que dans la musique sacrée. On en joue avec de petits plectres en ivoire fixés au bout des doigts par de petits cercles en peau, fig. 40, qui simulent, à s'y méprendre, le prolongement des ongles.

Un autre instrument de la famille des *Koto*, le *Sagué-Koto*, fig. 21, nous révèle immédiatement par la beauté de sa forme et la richesse de ses ornements l'usage auquel il est destiné. Il est pourvu de neuf cordes en soie très-minces, avec la caisse en laque noire, ornée d'arabesques qui sont dorées aussi bien que le fond et le couvercle. Sa longueur totale est de 0^m,61 ; la distance des chevalets fixes de 0^m,45 ; sa plus grande largeur de 0^m,152 et la plus petite, de 0^m,12.

Le *Sagué-Koto* est l'instrument spécial des concubines du chef suprême du gouvernement japonais. On le joue de la même façon que le *Wangong.*

La forme du *Sagué-Koto* rappelle celle du *Ssé* des chinois, dont l'invention est attribuée à l'empereur *Fou-Hi,* prince très-lettré et très-sage, qui écrivit aussi des règles pour la Musique 3468 ans avant la naissance du Christ. (Voyez: M. G. Pauthier, *Chine* ou description historique, géographique et littéraire de ce vaste empire, d'après des documents chinois. 1 vol. 8°. Paris, Firmin Didot frs., 1837.)

Le *Schikenkin* ou *Kinno-Koto,* fig. 27, harpe à 7 cordes, correspond au *Kin* des Chinois. La parole *Kin* signifie en chinois: *défendre, surveiller* et le nom de *Kin* a été donné à cet instrument parce que, toujours selon l'opinion des Chinois, il a le pouvoir de modérer par ses sons les mauvais penchants de l'âme et de purifier le cœur. Il est très-ancien et on en a attribué l'invention à *Kouang-ti,* à *Schien-Nung* et même à *Fou-Hi.*

Sa longueur est de trois pieds *Lih,* six pouces, *Zaoïin,* et six lignes, *Fen,* mesure qui fournit un symbole des 366 jours de l'année. Sa largeur est de 6 pouces, parce qu'il y a six points cardinaux : Nord, Sud, Est, Ouest, Zénith et Nadir. Le petit *Kin* a cinq cordes, de même qu'il y a cinq notes musicales.

Au milieu l'instrument a la largeur de quatre pouces, en souvenir des quatre saisons. Il est plus large à son sommet qu'à sa base pour indiquer la supériorité de ce qui est élevé sur ce qui est bas. Sa surface supérieure est convexe à l'image du ciel et l'inférieure est plate comme la terre. Il a treize touches, les 12 *Liou* fondamentaux avec l'octave de complément formant le nombre 13.

On fabriquait en Chine des *Kin* de différentes grandeurs; les plus grands avaient 20 cordes, les moyens en avaient 10 et les plus petits 5 seulement.

Les premiers avaient la longueur de 8 pieds et 1 pouce et les 2 autres de 3 pieds, 6 pouces et 6 fen ou lignes. L'empereur chinois *Wen-wang* des *Keu* (1130 av J. C.) ajouta deux cordes au *Kin* le plus petit pour représenter les deux demi-tons *Pien-Kong* et *Pien-tsche.*

Les historiens japonais racontent de la façon suivante l'introduction du *Kin* au Japon.

Dans la 31me année du règne de l'empereur *Ogin-tennô* (331 après J. C.), un bateau construit 25 années auparavant et qui n'était plus bon à tenir la mer, fut déchiré et le bois en fut brûlé pour en extraire du sel.

Il advint que d'habiles ouvriers de la Corée arrivaient alors au Japon; des tisons de ce bois ils construisirent des *Kotô* ou des *Kin,* dont on put entendre le son limpide à une grande distance.

Cet instrument était exclusivement réservé aux Daimios, princes japonais, et, comme le Waugong, il se joue avec des plectres en forme d'ongles prolongés, fig. 40.

Il est en bois peint en laque noire; les cordes bien que de la même grosseur sont divisées en deux parties, quatre dans l'une et trois dans l'autre; elles portent toutes sur un même chevalet.

Chacune de ces parties est fixée à une cheville placée dans la partie inférieure, et de l'autre extrémité elles viennent s'enrouler autour de la tête de l'instrument.

Dans la couverture du *Schikenkin* se trouvent des petits boutons en nacre qui indiquent les divisions des cordes pour produire les différents sons de la tonalité japonaise.

En prenant pour unité, la longueur de la corde entre le signe en nacre qui se trouve au milieu de l'instrument et le chevalet fixe, longueur qui est de $0^m,05$, le premier signe tant à droite qu'à gauche, placé de chaque côté à $0^m,11$ de distance du centre, représente la cinquième partie de la longueur; le second signe à $0^m,55$, en représente le tiers; le troisième signe à 0,275, la moitié; le quatrième, à $0^m,323$, les $^4/_7$; le cinquième à $0^m,366$ à peu près les $^9/_{13}$ et le sixième enfin à une distance de $0^m,41$ en représente à peu près les $^8/_{11}$.

Les chevalets mobiles sont en bois doublé d'ivoire, fig. 35; la longueur totale de l'instrument est de $1^m,20$; sa plus grande largeur est de $0^m,19$ et sa plus petite est de $0^m,125$; la hauteur de la caisse d'harmonie est entre $0^m,02$ et $0^m,54$. A l'extrémité où se trouve le chevalet, il y a 2 pieds de $0^m,03$ de hauteur et du côté opposé, deux nappes en soie et un travail de marqueterie complètent la partie ornementale de l'instrument.

Le *Guindai,* fig. 28, de la même façon que le précédent est monté de 13 cordes; les chevalets, fig. 36, sont d'une forme plus élégante que ceux du *Schinkenkin;* ils ont plutôt le type chinois et sont tout entiers en bois dur, sauf l'endroit où appuie la corde, qui est en ivoire. Cet instrument jouit du privilége d'être joué seulement par les personnes de l'aristocratie.

Le *Tsoumakoto*, fig. 23, de forme trapézoïde ressemble au Kanoun persan.

Il a une caisse d'harmonie complète; il est monté de 13 cordes, de la même grosseur, attachées comme celles du *Wan-*

gong et, pour obtenir l'accord, il est pourvu des mêmes chevalets en bois et ivoire, fig. 37. La plus grande longueur de cet instrument est de 0m,73, la plus petite de 0m,49 ; sa largeur est de 0m,27.

Deux petits pieds en bois tiennent un peu soulevé le fond de l'instrument, qui a deux ouvertures pour en augmenter la sonorité.

Les Daimios jadis avaient en voyage dans leur Palanquin une jeune joueuse de *Tsoumakoto ;* mais à présent l'on a abandonné cet usage.

Un autre instrument japonais de la plus haute antiquité est tombé aujourd'hui en désuétude ; c'est le *Kakougnoto*, espèce de psaltérion carré avec 25 cordes, fig. 38. Les plectres de cet instrument ont des ongles en bois dur, au lieu d'ivoire.

La longueur du *Kakcugnoto* est de 0m,61 ; sa largeur de 0m,47 ; la distance entre les chevalets est de 0m,42. Ses parties latérales sont ornées de sculptures en bois, qui représentent des joueurs de Biva et d'autres instruments, le tout sur un fond doré.

Le *Nichine*, fig. 24, est une espèce de psaltérion rond, sur lequel sont tendues six cordes de grosseur et de couleur différentes. La première, beaucoup plus grosse que les autres, est jaune et donne l'octave basse de la tonique ; la seconde est bleu clair, la cinquième, noire et la sixième, blanche. Ces six cordes sont attachées à un bouton en bois et passent au-dessus de deux chevalets placés à 0m,32 l'un de l'autre ; on les accorde en tournant leurs chevilles avec une petite clef en bois. Le diamètre du *Nichine* est de 0m,39 et la hauteur de ses flancs de 0m,04.

Il est pourvu à l'intérieur d'une petite lame en fer, qui se trouve dans la plupart des instruments populaires au Japon et qui sert à faire un petit bruit, quand on remue l'instrument.

Le *Niguenkine*, fig. 25, et le *Sankin*, fig. 26, sont deux instruments formés d'un bambou de $0^m,93$ de longueur. Sur le premier sont tendues deux cordes et sur le second trois cordes en soie et de différentes grosseurs. Elles sont soutenues par deux chevalets à $0^m,71$ de distance et on les accorde, avec les chevilles coniques ordinaires. Anciennement on les employait pour accompagner le chant et comme renfort du *Tacoumokoto* et de l'*Atsoumakoto ;* mais à présent on les a abandonnés. Il est facile de se convaincre par leur conformation qu'ils ne sont qu'une modification du *Soussounou* des Malais.

Nous voici enfin arrivés au représentant le plus important de la famille des *Koto* le *Sono-Koto*, fig. 29. Sa forme ressemble surtout à celle du *Wangong,* mais elle en diffère par la richesse de ses ornements, par l'élégance de sa construction, par ses 13 cordes tendues sur 2 chevalets fixes, placés à $1^m,44$ l'un de l'autre. La longueur de ce bel instrument est de $1^m,91$; sa largeur de $0^m,235$ à $0^m,250$. Sa caisse est construite en *Kiri,* bois extrêmement dur, et elle porte au fond deux ouvertures semicirculaires nécessaires pour l'accordage et le maniement des cordes.

Il a d'un côté deux pieds de la hauteur de $2^m,05$ tandis que de l'autre côté les pieds ont à peine $2^m,015$.

Les parties latérales de l'instrument, hautes de $0^m,04$ sont ornées de dessins en or sur de la laque de couleur foncée. Les deux extrémités sont richement incrustées en argent, en ivoire, en écaille et en bois de différentes couleurs.

Les cordes sont toutes de la même grosseur et elles sont placées à 2 centimètres l'une de l'autre. On les accorde avec les chevalets ordinaires, fig. 41, et on les joue avec 3 ongles en ivoire, fig. 40, longs de $0^{m},035$ sur $0^{m},016$ de large, fixés au pouce, à l'index et au médium de la main droite; de la main gauche le musicien ou la musicienne tient l'instrument en appuyant les doigts en arrière du chevalet de la note la plus aiguë. Les 13 cordes pour le *Sonokoto* destiné à la musique sacrée, coûtent trente francs, parce qu'elles ont été ordonnées et fabriquées exprès à *Kioto,* tandis que celles pour l'usage ordinaire se trouvent à bon marché à Yeddo.

On accorde le *Sonokoto* de la manière suivante:

La 1re corde au Schô.
» 2de » au Kiou tonique.
» 3me » au Kakou.
» 4me » à l'Ou accidentel ou de substitution.
» 5me » au Schô.
» 6me » au Tschi accidentel ou de substitution.
» 7me » à l'octave supérieure de la 2me corde.
» 8me » » » » 3me »
» 9me » » » » 4me »
» 10me » » » » 5me »
» 11me » » » » 6me »
» 12me » » » » 7me »
» 13me » » » » 8me »

Ainsi que je l'ai fait observer plus haut, on accorde quelquefois la première corde du Sonokoto une octave plus bas.

Le Sonokoto est un des instruments les plus en usage au Japon et il est sans doute aussi le plus agréable pour des oreilles européennes.

Après la famille des Koto viennent les instruments pincés avec un manche et des touches.

En premier lieu je place le *Koo,* fig. 14, guitare impériale de luxe, ornée d'animaux et d'arabesques peints en or et en couleur sur un fond de laque sombre. Parmi ces ornements on trouve quelquefois le dragon du *Taikoun*. La caisse est formée de deux disques qui ont un diamètre de $0^m,30$ et qui sont réunis par une bande en bois de $0^m,08$ de largeur. Le manche, plat sur le devant et arrondi par derrière, est fixé à cette bande; il a $0^m,46$ de longueur et il est pourvu d'un sillet et de 9 touches placées à différentes distances. Il se termine par un bourrelet aplati, long de $0^m,34$ sur $0^m,06$ de largeur et $0^m,025$ d'épaisseur. A ce bourrelet sont fixées de chaque côté deux chevilles en bois arrondies par le bout qui entre dans l'instrument, hexagones à l'autre extrémité; ce modèle se retrouve dans tous les instruments dont je vais faire la description. Le *Koo* a quatre cordes de la même grosseur fixées en bas à un chevalet circulaire, à $0^m,53$ de distance du sillet. L'accord de cet instrument est variable comme celui de tous ceux dont on se sert pour accompagner le chant.

La *Schounga*, fig. 10, est une petite guitare très-ancienne, dont la caisse harmonique ressemble à celle du *Kokiou*. Elle est plus large que longue, $0^m,185$ sur $0^m,14$, avec des bandes larges de $0^m,075$. Elle est ornée de dorures sur laque rouge. Son manche est semblable à celui du *Koo;* il a 5 touches et 4 cordes dont une beaucoup plus grosse que les autres. La longueur totale de la *Schounga* est de $0^m,60$ et on la pince avec les doigts.

La famille des *Guekkine* ou guitares populaires, que l'on pince également avec les doigts, a été importée au Japon de la Chine, et en effet le *Guekkine* oblong à 4 cordes, fig. 13, a de commun avec la *Piipaa* chinoise la forme et la lame en fer qui résonne en dedans; il en diffère par la dimension et par les touches qui sont au nombre de 8, dont 4 placées sur le manche et 4 sur la caisse harmonique. La longueur totale du Guekkine oblong à 4 cordes est de $0^m,655$; sa plus grande largeur est de $0^m,223$ et la hauteur des bandes de $0^m,036$; la distance du sillet au chevalet auquel les cordes sont fixées deux à deux est de $0^m,43$. Les chevilles sont très-larges au bout, comme toutes celles des instruments chinois.

Le *Guekkine* rond à 4 cordes, fig. 11, est, quant à la grosseur des cordes, disposées deux à deux, et quant à la lame intérieure résonnante, tout-à-fait identique au *Guekkine* chinois. Il a seulement les 8 touches disposées d'une autre manière et le manche plus allongé. La caisse harmonique est circulaire et ornée de deux demi-lunes; son diamètre est de $0^m,35$, la hauteur des bandes de $0^m,036$; la longueur de l'instrument entier est de $0^m,67$ et la distance entre le sillet et le chevalet, de $0^m,43$.

Les Chinois racontent de deux manières différentes l'origine du nom de ce *Yne-Kin*, en japonais *Guekkine.*

Les uns disent que du temps de la reine *Wou* (684-705 après J. C.), un homme du pays de *Schiou* trouva dans un tombeau ancien un instrument à cordes, fait en cuivre d'une façon inconnue jusqu'alors. Il était rond comme la lune; ce qui le fit appeler *Yne-Kin* de *Kin,* la lune. Sur ce modèle, on en fabriqua d'autres en bois.

Selon une autre légende, on trouva dans le tombeau du célèbre *Ynen-hien,* un des sept sages de la forêt de Bambou, une guitare en terre cuite à laquelle on donna le nom de ce grand homme, en japonais *Guekkine.* Parmi ses titres à la gloire, il comptait en effet un grand amour de la musique et une habileté hors ligne sur les instruments à corde.

Le *Guekkine* hexacorde, fig. 12, est pareil au *Guekkine* précédent; il en diffère seulement par ses six cordes, divisées en trois paires et par ses seize touches, dont 8 sur le manche et 8 sur la caisse harmonique. Sa longueur totale est de 0m,745 et la distance entre le sillet et le chevalet de 0m,466.

Le *Schiguene,* fig. 9, est une autre guitare à 4 cordes indépendantes; les deux premières de grosseurs différentes, les deux dernières au contraire tout-à-fait semblables et rapprochées comme dans les instruments précédents. Toute la forme rappelle les instruments chinois, surtout la tête et les chevilles. La longueur totale du *Schiguene* est de 0m,90. La caisse sonore est formée de deux tables octangulaires en bois dont le plus grand diamètre est de 0m,42, reliées par des bandes de la hauteur de 0m,045. Le manche traverse toute la caisse harmonique et forme en bas la cheville à laquelle est attachée la cordière en cordonnet de soie. Les cordes passent au-dessus d'un chevalet mobile haut de 0m,013 sur 0m,004 d'épaisseur et 0m,125 de longueur; on en fait varier la position selon la hauteur du diapason qui sert à accorder l'instrument.

La troisième et la quatrième corde sont plus rapprochées et on les accorde à l'unisson. Les chevilles finissent en pointe et sont fixées deux de chaque côté de la tête travaillée à jour. On joue le *Schiguene* avec les doigts et son accord est pareil à celui du *Schamiseng* dont je vais parler tout-à-l'heure.

Le *Kirisiene,* fig. 7, ancienne guitare japonaise à 3 cordes, hors d'usage aujourd'hui, forme la transition entre le *Samhine* chinois et le *Schamiseng* japonais. Sa caisse harmonique est ronde comme celle du *Samhine;* elle a de 0m,175 à 0m,185 de diamètre et ses bandes larges de 0m,085, sont couvertes d'étoffe en soie avec arabesques; tout autour il y a une petite bande en bois dur fixée par de petits boutons en ivoire. Le manche, pareil à celui du Samhine, est long de 0m,60, y compris la tête, et vernissé en laque noire.

Les cordes sont de différentes grosseurs; elles passent au-dessus d'un chevalet large de 0m,01, sur 0m,038 de longueur à la base et 0m,015 de hauteur; on les accorde avec les chevilles usuelles dont deux sont fixées à droite et une à gauche dans la tête travaillée à jour.

Le *Kirisiene* est le premier des instruments, cités jusqu'à présent, qui soit joué avec un plectre en écaille à pointe, long de 0m,075, et large à sa base de 0m,015.

Le *Kaotari*, fig. 8, guitare très-ancienne de l'île de Liou-kiou, entièrement teinte en laque rouge avec animaux et arabesques en relief d'or et de nacre, est d'une grande rareté même au Japon.

Sa caisse harmonique de 0m,15 de diamètre est ronde et recouverte des deux côtés en peau dorée, avec le dragon impérial peint de différentes couleurs.

Sur les bandes larges de 0m,077, sont peints en or deux dragons; sur le manche long de 0m,69 se trouvent aussi des images de dragons et sur la tête, ceux d'une dame et d'un enfant. La queue est en peau et le chevalet, extrêmement léger et d'une forme élégante, soutient les 3 cordes à 0m,012 de la caisse sonore. Les chevilles sont rondes et sur chacune est écrit le son auquel la corde doit être accordée.

Le *Taisene*, fig. 80, est une espèce de grand *Kaotari* de Corée et sa longueur totale est de 1m,25. Le diamètre de sa caisse sonore est de 0m,325 et les bords en bois, couverts d'étoffe de soie, ont 0m,06 de largeur. On pince les trois cordes avec un petit plectre en bois très-mince de 0m,096 de longueur, pareil à celui du *Kirisiene*.

Le *Samhine,* fig. 69, est un instrument d'origine indienne, mais très en usage autant en Chine qu'au Japon. Sa longueur est de 0m,95. Son manche en bois de Grenadille tout d'une pièce est à sa base large de 0m,028.

Sa caisse sonore, d'une forme elliptique avec les bords fuyants et recouverte de peau de boa, est également en Grenadille ; son plus grand diamètre est de 0m,17 et son plus petit de 0m,145.

Ses trois cordes, de différentes grosseurs, attachées à une queue en ivoire, passent par-dessus un chevalet très-petit ; au moyen d'un sillet mobile en ivoire, on peut les accorder à volonté.

Le *Schamiseng* de Corée, fig. 82, est une imitation du *Samhine.* Son manche est plus court et il n'a pas de sillet ; sa caisse sonore a des formes plus amples, de 0m,18 à 0m,16 ; ses bandes de 0m,085 sont plus larges. La longueur totale de ce *Schamiseng* est de 0m,80.

On le joue avec un plectre en bois blanc, nommé Batzi, fig. 83.

Le *Schamiseng*, fig. 4 et 6, est l'instrument le plus en usage au Japon.

Les *Torioi* ménestrels et les *Gueschia*, cantatrices des maisons à thé, jouent tous du *Schamiseng* qui doit son nom aux trois cordes qu'il possède.

Son manche long d'un mètre est fait généralement de bois de *Kouarin,* le plus adapté à ce genre de travail ; mais il y en aussi en bois de *Mûrier,* de *Schitagi* ou de *Takayasan.* Les manches des *Schamiseng* ordinaires sont faits en bois de *Kaschinoki.* Sa caisse sonore, de forme carrée, est recouverte des deux côtés de peau de chat et l'on apprécie beaucoup les instruments qui ont des marques de mamelles ; il y en a où l'on en trouve 4, 6 et même 8.

Les *Schamiseng* ordinaires sont couverts en peau de jeune chien.

Il y a des *Schamiseng* de différentes grandeurs selon la qualité de la voix de l'artiste.

La figure 4 représente un Schamiseng japonais de la longueur totale d'un mètre.

Sa caisse sonore est couverte des deux côtés de peau de chat avec les 4 taches noires des mamelles; sa largeur est de 0^m,175 sur 0^m,19 de hauteur; ses bandes en palissandre ont 0^m,085 de large.

Son manche, en bois de *Kouarine*, planté au milieu de la bande, est construit de manière à se démonter en 5 morceaux qui peuvent être renfermés dans une petite boîte faite exprès.

Les trois cordes, de différente grosseur, sont attachées à une queue en cordelette de soie, fixée à l'extrémité inférieure du manche; elles passent par-dessus un chevalet mobile très-léger en bois de *Koma* ou *Kolaggi* haut de 0^m,015, dont on change la position selon l'accord de l'instrument.

Le plectre en bois avec lequel on joue le *Schamiseng* est nommé *Batzi*, fig. 5. Il est gros, large au bout inférieur où il a 0^m,09, rétréci au milieu où il n'a que 0^m,024 et enfin très-mince et très-large au sommet. Sa longueur est de 0^m,22.

La figure 6 nous montre un *Schamiseng* de luxe, dont les proportions sont identiques à celles du précédent. La seule différence consiste dans la richesse des ornements de ce dernier. Il a au pied une plaque en argent, avec imitations de fleurs, et des fleurs d'or en relief ornent les bords de la caisse et le manche; les chevilles enfin sont relevées par de la marqueterie de bois de différentes qualités.

On accorde de cinq manières les Schamiseng et les instruments de la même classe; il y a différentes expressions techniques pour indiquer ces diverses sortes d'accord. Les voici :

1. *Niagari,* quand la 1re corde est accordée au *Kiou;* la seconde, au *Schô* et la troisième, au *Kiou* à l'octave supérieure.

2. *Izisagarie*, quand la première corde est accordée au *Kiou ;* la seconde, au *Schô,* et la troisième, à l'octave supérieure du *Kakou.*

3. *Sansagarie*, quand la première corde donne le *Kakou*; la seconde, le *Schô* et la troisième, l'octave supérieure du *Kiou.*

4. *Honzioschi,* quand la première donne le *Kiou;* la seconde, la note substituée du *Schô* et la troisième, le *Kiou* transporté à l'octave supérieure.

5. *Sansasagarie,* quand la première donne le *Kiou;* la seconde, le son substitué du *Schô* et la troisième, le *Schô* transporté à l'octave supérieure.

Pour donner une idée de l'effet que les Japonais et surtout les *Gueschia* savent tirer de cet instrument, je publie à la fin de la brochure quelques chansons populaires japonaises avec accompagnement de *Schamiseng.*

Le *Chosene,* fig. 84, n'est qu'un Schamiseng avec un manche long de 1m,20. Tout le reste est identique.

Tous les instruments pincés dont j'ai parlé jusqu'à présent, n'ont pas la moindre ouverture dans leur caisse sonore.

La *Biva,* fig. 15, a 2 ouvertures en forme de croissant au beau milieu de sa surface. La forme de la Biva est semblable à celle de la *Bïpaa* chinoise et annamite et nous démontre son origine.

La caisse sonore est tout entière en bois, mais au-dessus du chevalet la surface en est traversée par une bande en peau large de 0m,15.

Elle a une forme ovale, pointue vers le manche, dont le sommet est replié en arrière comme celui des anciens luths italiens.

La longueur de l'instrument est de $0^{m},86$ et la tête percée par les quatre chevilles à l'instar des chinois a $0^{m},20$ de longueur, $0^{m},03$ et même $0^{m},07$ de largeur sur $0^{m},035$ de grosseur. Les bandes sont larges de $0^{m},35$ et un peu convexes au milieu. Les 4 cordes de grosseur différente sont accordées la 1re au *Kiou*, la 2de au *Schô,* la 3me à l'octave supérieure du *Kiou* et la 4me à l'*Ou*.

Le chevalet est haut de $0^{m},01$; le sillet de $0^{m},024$ et la distance entre les deux est de $0^{m},726$.

Sur le manche il y a 5 touches pour donner aux cordes à volonté les longueurs de $0^{m},702$, de $0^{m},658$ de $0^{m},601$, de $0^{m},549$ et de $0^{m},49$.

Le *Batzi* avec lequel on joue la Biva est étroit en bas où il n'a que $0^{m},02$; au sommet il est très-mince, mais plus large, ayant $0^{m},10$ et sa longueur est de $0^{m},175$.

On joue beaucoup la Biva au Japon, et c'est surtout la noblesse qui s'y adonne.

La Biva vient des Tartares du Nord qui la jouaient en montant à cheval.

L'empereur *Wou-ti* de la dynastie des *Wei* fit, dit-on, fabriquer de ces instruments de la longueur de 3 pieds et 5 pouces, pour rappeler les trois puissances: le Ciel, la Terre et l'Homme et les cinq éléments: le Feu, le Métal, le Bois, l'Eau et la Terre; il voulut en outre qu'elle eût 4 cordes, comme emblême des 4 saisons.

Le nom de *Biva* vient du mouvement que fait la main en jouant avec le Batzi.

La Biva fut importée au Japon par *Satotogi* dans la troisième des années *Kagiô* (851 ap. J. C.) sous le règne de l'empereur *Nimmiô tennô* et aujourd'hui elle jouit d'une grande popularité.

Comme je l'ai dit plus haut, le *Taakan,* fig. 70, appartient aussi à l'orchestre du théâtre chinois.

Il est pareil à notre psaltérion, sauf le nombre des cordes qui n'est que de 28 au Japon.

Les cordes en fil de laiton très-mince passent au-dessus et au-travers de deux chevalets, de manière que chacune d'elles produise un son différent, dont chacun se partage lui-même en 4 sections distinctes.

Fétis nous les fait connaître dans son histoire de la musique.

Ces sons commencent par le Sol 1re ligne clef de basse et vont jusqu'au La au-dessus des lignes de la clef de Sol; voici ces 4 séries :

Sol, La, Si, Re, Mi, Sol, La
Re, Mi, Sol, La, Si, Re, Mi
La, Si, Re, Mi, Sol, La, Si
Sol, La, Si, Re, Mi, Sol, La.

On joue le *Taakan* avec deux petits plectres en bambou, longs de 0m,30, très-légers, avec lesquels on frappe les cordes, comme dans le Santyrs des Persans ou dans le Hackbrett des Magyars.

Les dimensions de ce Taakan sont pour la plus grande longueur de 0m,77, et pour la plus petite de 0m,46 ; sa largeur est de 0m,26 et la hauteur des bandes de 0m,05.

CHAPITRE VII

LES INSTRUMENTS À PERCUSSION

Il y a au Japon trois familles d'instruments à percussion: à la première appartiennent les instruments couverts de peau et qui se jouent avec des baguettes; à la seconde, ceux en métal; et à la troisième, ceux en bois.

Le chef de la première famille est le *Jamagairou-guine-taico,* fig. 58, grand tambour de guerre, que fit construire, il y a 190 ans, *Ooischi Curannoske.* Ce *Taico* est tout d'une pièce et formé d'un tronc d'arbre évidé; large de 0m,185 avec un diamètre de 0m,52. Sur ce cerceau de quelques centimètres d'épaisseur sont étendues des deux côtés des peaux assez fortes, qui sont fixées avec des clous à tête ronde. Trois anneaux en fer placés à distance au milieu du cerceau, servent à attacher le tambour à une espèce de châssis en bois.

L'unique différence qu'il y a entre le *Taiko* de l'orchestre japonais et le nôtre c'est que le premier est plus orné et attaché à un châssis très-élégant.

On joue le *Taiko* moderne avec deux baguettes en bois, fig. 59, de la longueur de 0m,40 dont la tête, également en bois, est couverte en peau vernissée.

Le petit *Taiko* ou tambour ordinaire, fig. 60, se compose d'une caisse ronde en bois évidé du diamètre de 0m,25 sur une hauteur de 0m,13; cette caisse supporte deux cercles de 0m,345 de diamètre, formés par une peau tendue sur un rond en métal. Ces deux cercles sont fixés à la caisse par un cordon en soie; celui-ci passe dix fois alternativement dans le fer des deux bords opposés et permet ainsi de donner à la peau la tension nécessaire.

On joue le petit Taiko, ainsi que tous les instruments de ce genre, avec des baguettes pareilles à celles du grand Taiko, mais d'une dimension plus petite.

Le *Tossoumi*, fig. 57, est une espèce de petit tambour, que les danseuses japonaises tiennent suspendu à leur cou et dont elles jouent en dansant. Savio donne dans l'ouvrage que nous avons cité, le dessin de la danse des papillons, où l'on voit des danseuses avec des ailes de papillon attachées aux épaules, jouer du *Tossoumi* qu'elles portent suspendu à leur cou.

Humbert le cite aussi comme un instrument spécialement employé par les disciples de Therpsicore.

Le *Toussoumi* est extrêmement élégant. Sa forme svelte et les ornements dorés qui l'entourent, le rendent propre à l'usage que l'on en fait.

Sa peau fixée sur deux cercles en bois doré de 0m,20 de diamètre est tendue au moyen d'un cordon en soie; la caisse a la forme d'un calice double en bois de la hauteur de 0m,25 et dont l'orifice a un diamètre de 0m,10.

Le *Kako* et le *Yoko* ne sont que deux variétés du *Toussoumi* légèrement modifié.

La préparation des peaux pour les tambours est l'occupation spéciale des *Eta*, espèce de *Paria* japonais, et ce sont eux aussi qui les montent sur les cercles.

Dans la seconde catégorie des instruments à percussion, désignée sous le nom générique de *Doo,* nous trouvons une très-grande quantité de *tam-tam,* de différentes formes et de diverses grandeurs. Le plus connu au Japon est le *Gong* ou grand tam-tam, fig. 64, en bronze, de forme circulaire; il a un diamètre de 0m,60 et ses bords, de la hauteur de 0m,10 sont un peu repliés en dedans, de sorte que le diamètre de son ouverture n'est que de 0m,53. Au milieu du *Gong* se trouve une espèce de calotte circulaire du diamètre de 0m,15 et de la hauteur de 0m,028; c'est sur cette calotte que l'on frappe avec une baguette en bois dur, dont la tête est recouverte de peau, fig. 65. On attache le tam-tam, dont la grosseur varie de 0m,002 à 0m,004, à un châssis, moyennant un cordon en soie ou une sangle en peau, qui passe à travers deux trous pratiqués dans le bord de l'instrument.

Le *Schoko,* fig. 66, espèce de petit tam-tam, de 0m,33 de diamètre et de 0m,0018 de grosseur, a un bord de 0m,045 de hauteur, replié verticalement. Il a tout autour un enfoncement de 0m,006 de profondeur et de 0m,05 de largeur.

Aussi bien que le précédent, il présente au milieu une protubérance de 0m,09 de diamètre et de 0m,02 de hauteur. On l'attache à un châssis très-élégant par un cordon passé au-travers de deux ouvertures pratiquées dans le rebord à une distance de 0m,20 l'une de l'autre.

Le plus rare et le plus étonnant de tous les tam-tam est le *Doraa* de Corée, fig. 61, de forme circulaire. Son diamètre est de 0m,39 et sa bande repliée en dedans est large de 0m,09. La surface de cet instrument est très-inégale et elle est formée par une quantité de petites élévations, qui ne se trouvent pas dans les autres tam-tams, dont la surface est généralement très-unie. Ce *Doraa* donne un accord en La mineur, et ce qu'il y a de plus curieux c'est que la tonique disparaît tandis que la dixième domine.

Les *Nihoïhagi,* fig. 67, sont des cymbales en bronze larges de 0^m,296 avec une calotte sphérique rentrante au milieu, qui a 0^m,045 de profondeur sur un diamètre de 0^m,14. Cet instrument est en usage dans les temples de Boudda.

Les Nihoïhagi que je possède ont une inscription tout autour de leur rebord; elle nous apprend qu'ils ont été faits dans la rue de *Jaroo,* fonderie de *Koung-te-chiou,* la première des années Teng-mei (1781 ap. J. C.), et qu'ils faisaient partie des objets conservés dans le temple de *Tai-lien,* afin que tous les dieux protégent la terre.

Dans les orchestres et dans les Musiques militaires on emploie des *Nihoïhagi* plus grands, fig. 63, qui ont 0^m,396 de diamètre et une calotte de 0^m,195 de largeur sur 0^m,07 de hauteur.

Ceux-ci ont été fabriqués dans la onzième année *Kouan-sei* (1800). On tient ces cymbales en main par le moyen d'un gros cordon à nœuds, fixé à travers l'ouverture qui se trouve au centre de la calotte sphérique.

La figure 56 représente le *Soudsou,* espèce de sonnerie formée d'un manche en bois d'une longueur de 0^m,14 avec un garde-main formé de 5 feuilles. Au-dessus de ce dernier est fixé un fil de métal de la grosseur de 0^m,003, tordu de façon à former trois cercles concentriques, superposés l'un à l'autre à la distance de 0^m,03.

A ces cercles sont attachés douze grelots en bronze, semblables à ceux que nous employons pour les chevaux de poste.

Ces sonneries servent, comme je l'ai déjà dit plus haut, à des usages sacrés et profanes.

Dans la troisième catégorie, nous trouvons des espèces de castagnettes en bois de différentes grandeurs.

Dans le nombre se trouve le *Schacou-bioschi* formé de 2 simples morceaux de bois dur à faces carrées, un peu plus larges à leur base, qu'à l'autre extrémité.

Un autre instrument, qui appartient à la même catégorie, mais qui est beaucoup plus intéressant, c'est le *Mokkine*, fig. 85, espèce de Xylophone; il consiste en 13 baguettes en bois dont la plus courte a 0m,15 et la plus grande 0m,28 de longueur. Ces baguettes sont fixées par un clou à tête arrondie sur une bande en feutre et elles reposent sur le bord d'une petite caisse teinte en noir avec dorures, longue de 0m,58 et large de 0m,30. On en joue avec deux boules en bois attachées à deux baguettes en cuivre.

La succession des sons de cet instrument est vraiment originale, en commençant par le son le plus bas elle est Re. Mi. Fa. La. Do. Re. Fa. Sol. Si. Do. Re. Mi. Fa.

Le *Mokkine* que je possède a été fait à Desima dans l'île de Kiouschiou et a servi aux musiciens aveugles.

TABLE DES MATIÈRES

ILLUSTRATIONS

FUDJIYU POUR LE KOKIOU,

noté par Mr. A. Westphal.

Tout le morceau doit être une octave plus haut.

1ª

2ª

Mélodies japonaises avec Schamisène.

mi- yo schi- - u ra - no y-
u (n) ge - - schi ki
ta da a-
o a-o ta ma-zu baka ri
ma-zu wa
u i mo-no zu-ra-i mo-no

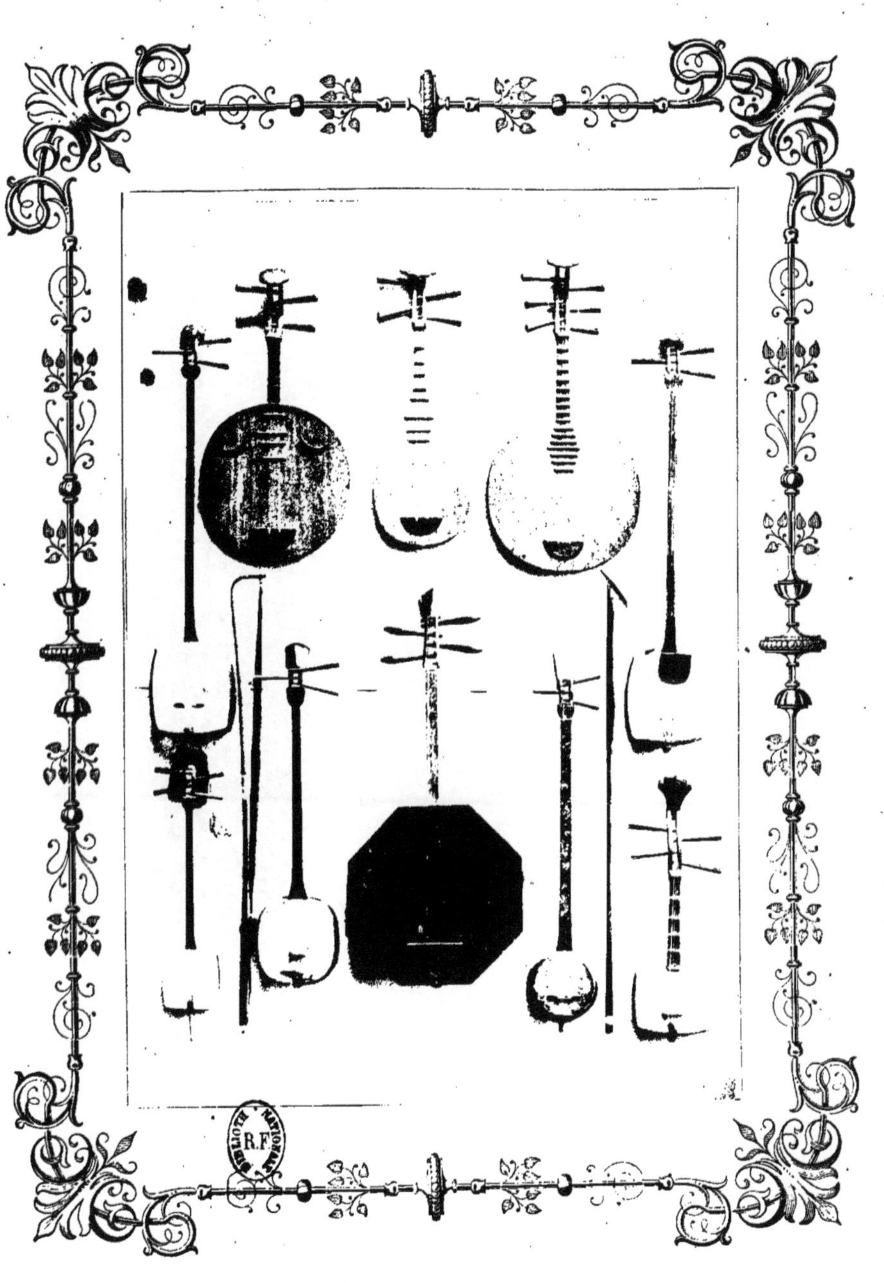

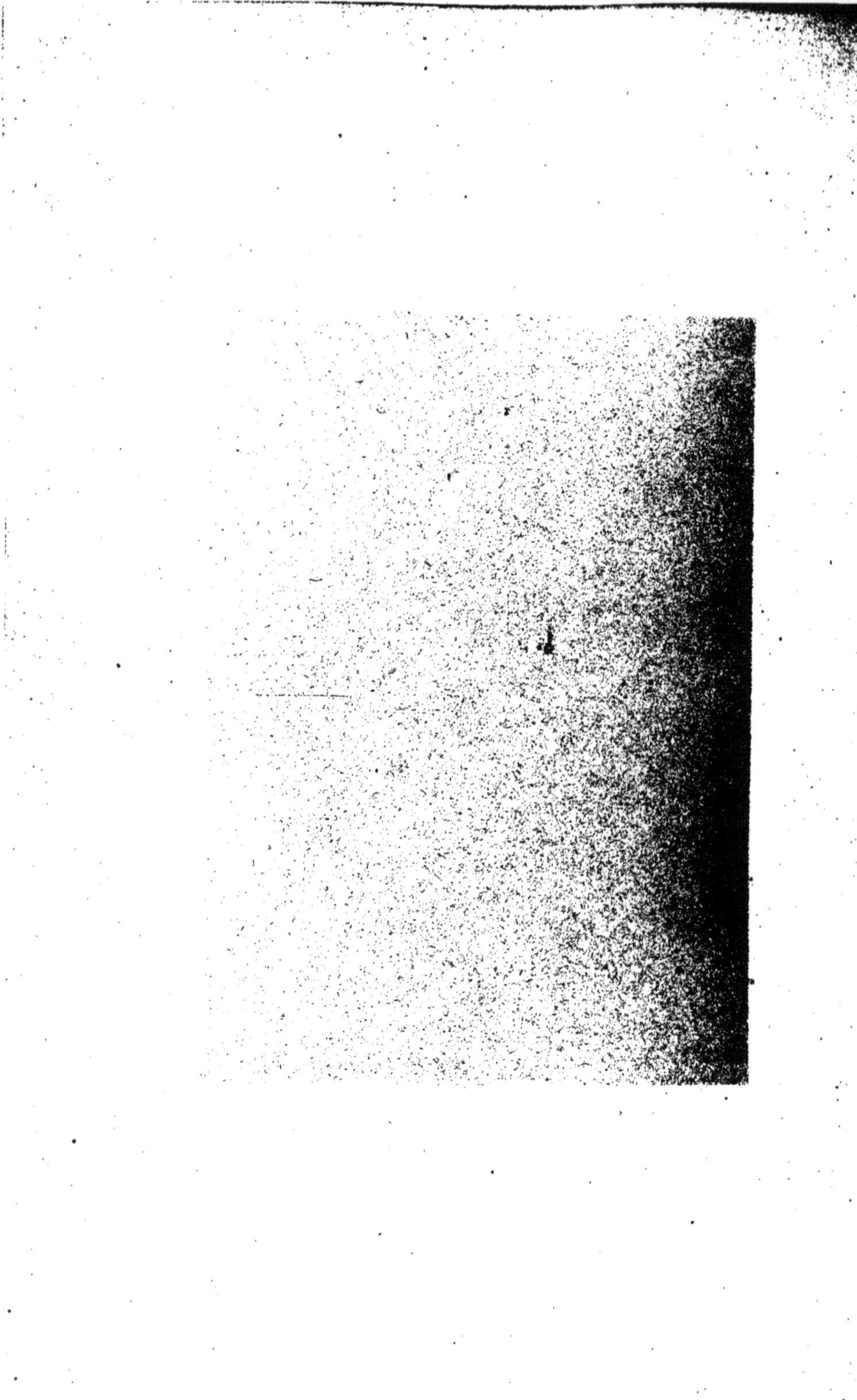

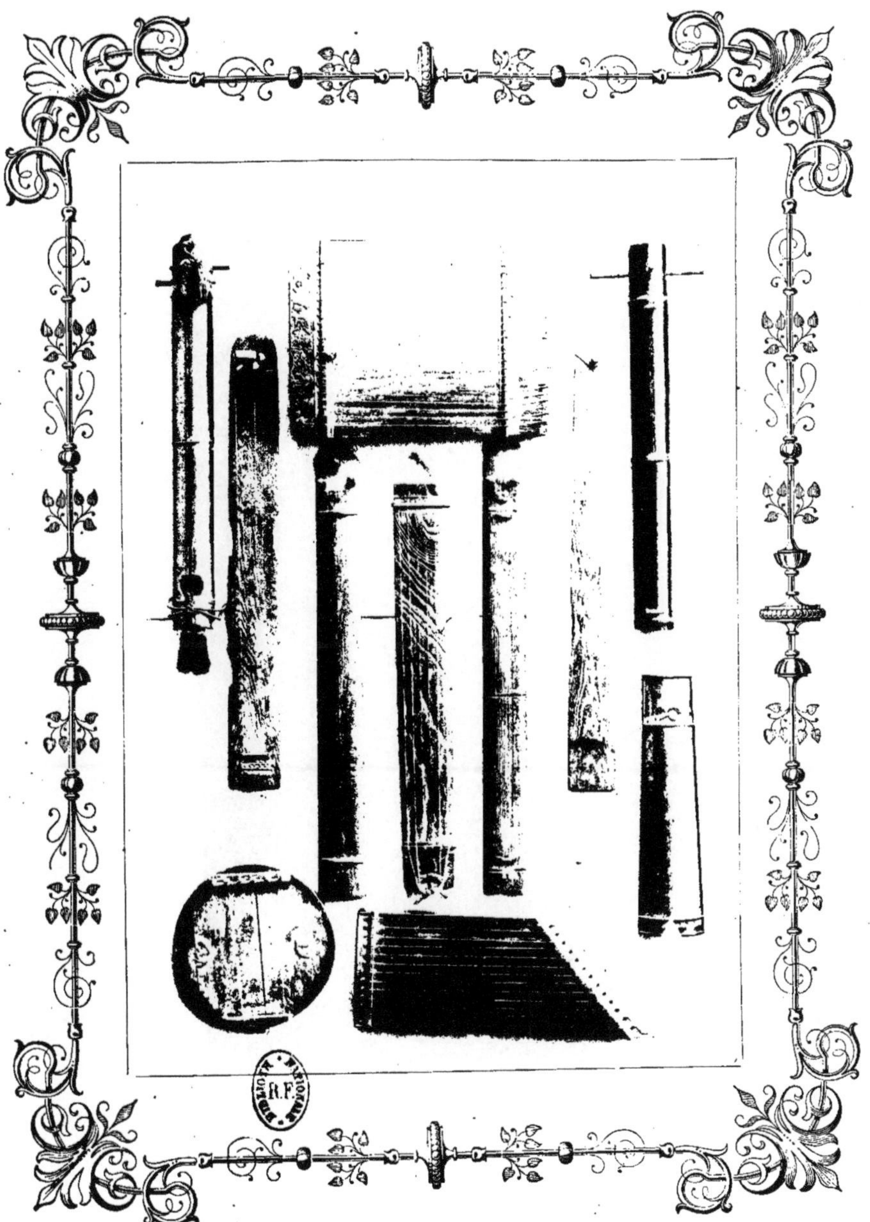

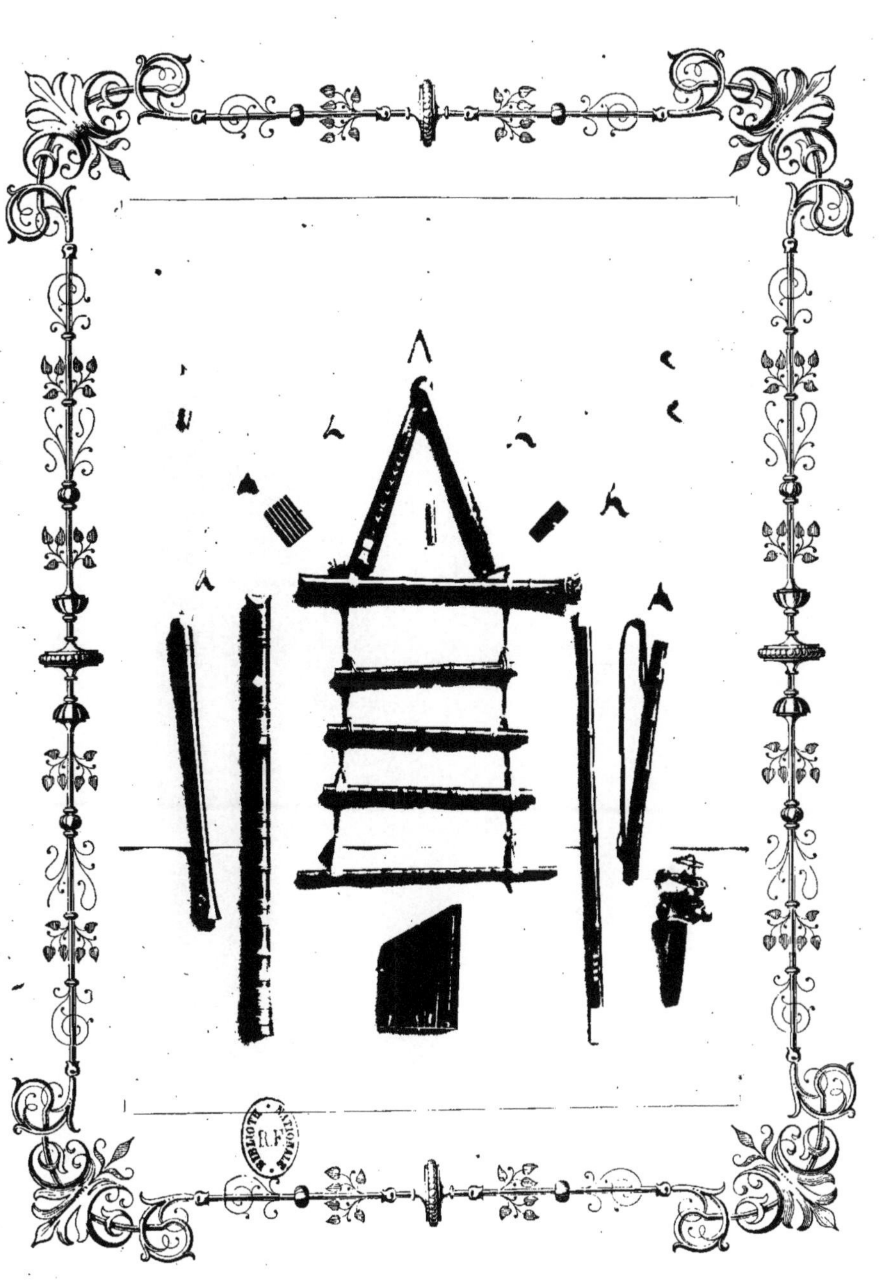

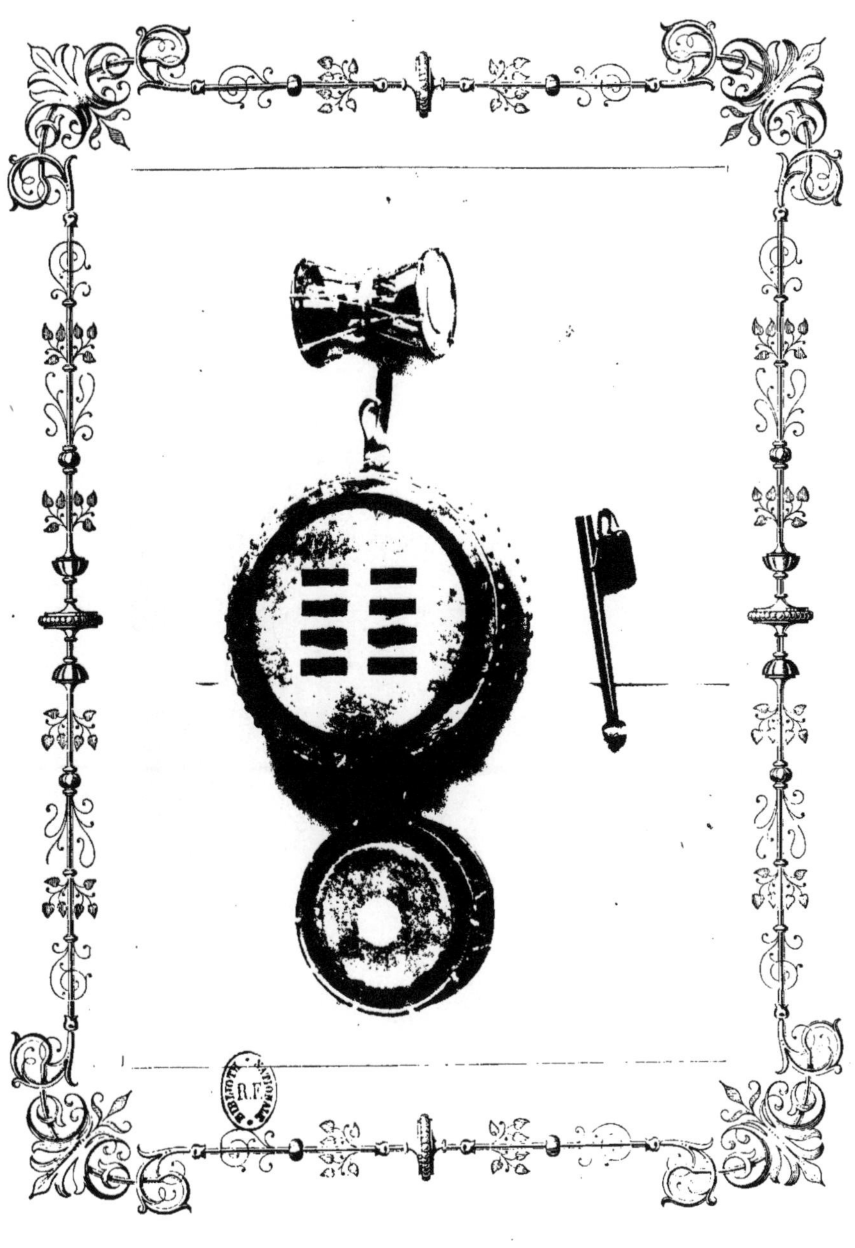

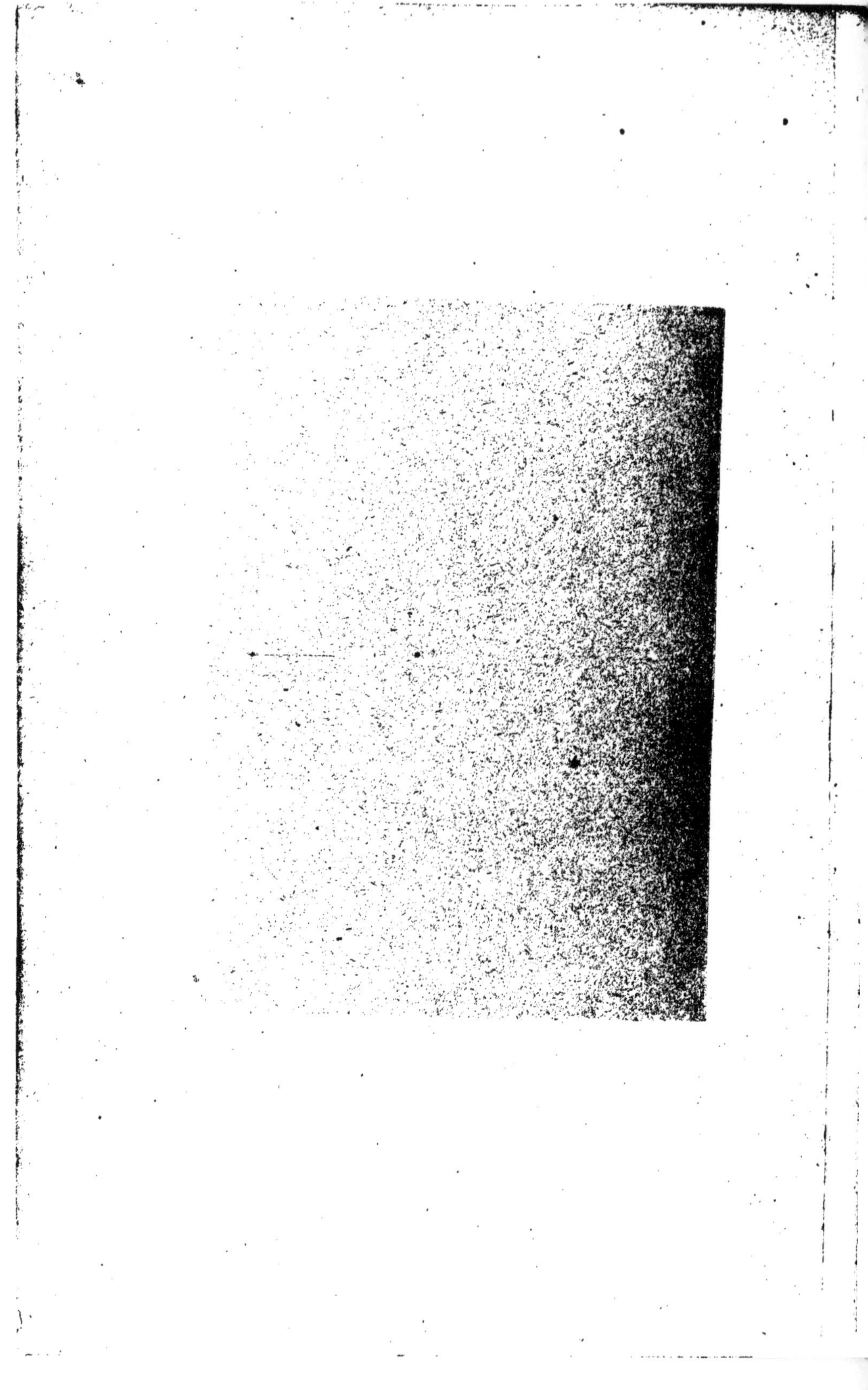

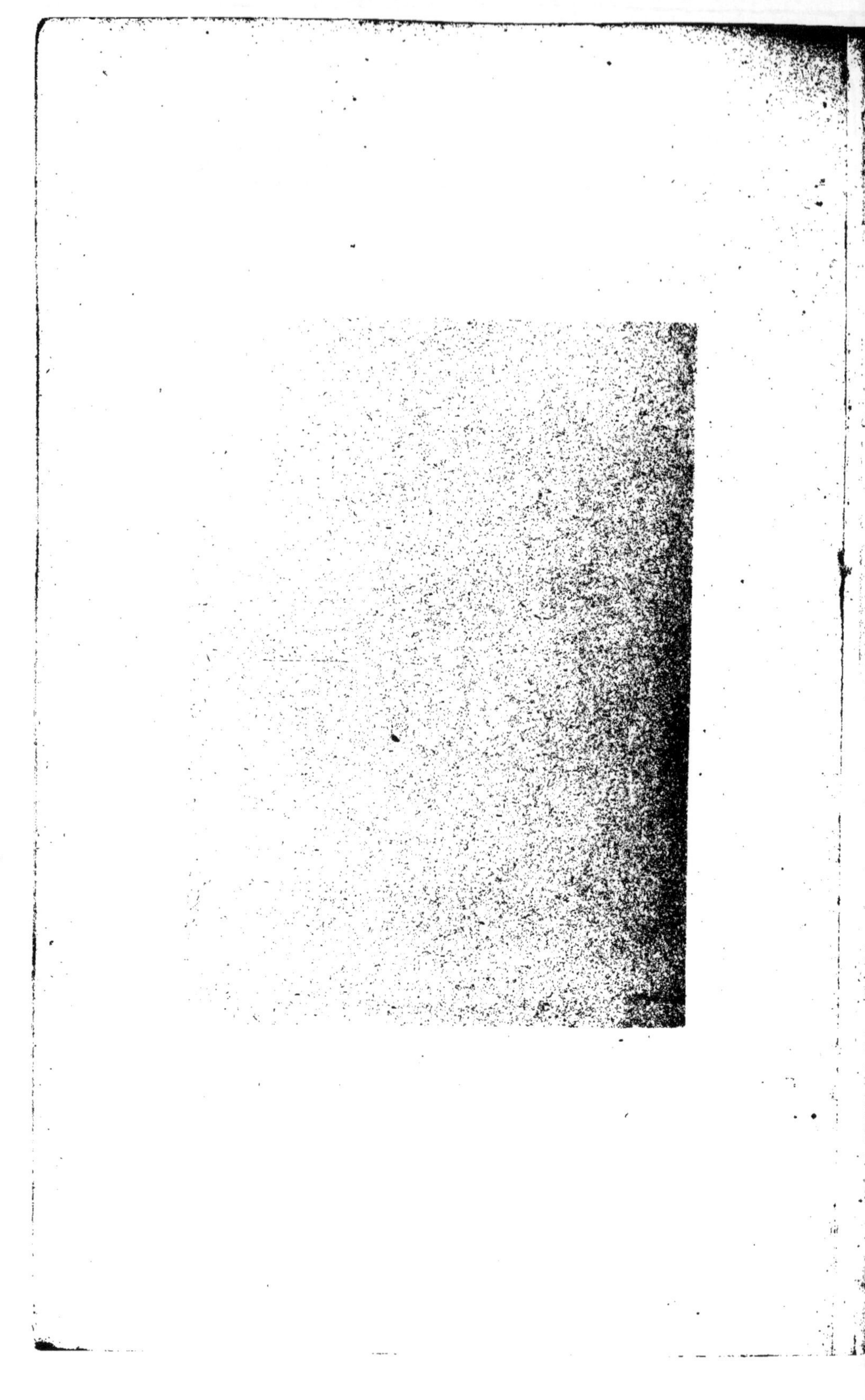

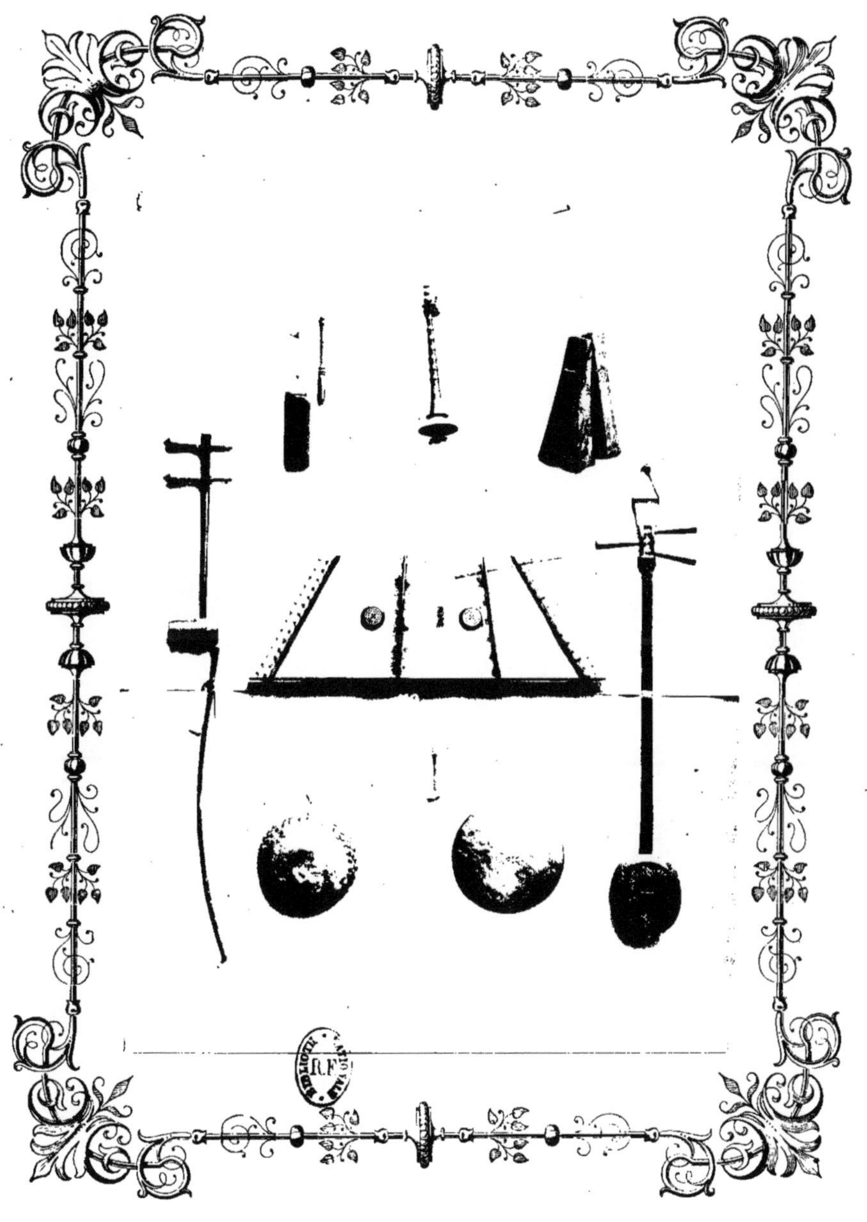

www.ingramcontent.com/pod-product-compliance
Ingram Content Group UK Ltd.
Pitfield, Milton Keynes, MK11 3LW, UK
UKHW020926180726
13838UKWH00002B/771